REAL ESTATE
PRIVATE
EQUITY

NO BRASIL

O GEN | Grupo Editorial Nacional – maior plataforma editorial brasileira no segmento científico, técnico e profissional – publica conteúdos nas áreas de ciências sociais aplicadas, exatas, humanas, jurídicas e da saúde, além de prover serviços direcionados à educação continuada e à preparação para concursos.

As editoras que integram o GEN, das mais respeitadas no mercado editorial, construíram catálogos inigualáveis, com obras decisivas para a formação acadêmica e o aperfeiçoamento de várias gerações de profissionais e estudantes, tendo se tornado sinônimo de qualidade e seriedade.

A missão do GEN e dos núcleos de conteúdo que o compõem é prover a melhor informação científica e distribuí-la de maneira flexível e conveniente, a preços justos, gerando benefícios e servindo a autores, docentes, livreiros, funcionários, colaboradores e acionistas.

Nosso comportamento ético incondicional e nossa responsabilidade social e ambiental são reforçados pela natureza educacional de nossa atividade e dão sustentabilidade ao crescimento contínuo e à rentabilidade do grupo.

CARLOS EDUARDO R. **BARCELLOS**
MARIA FLAVIA C. **SEABRA**
BRUNO E. P. **COSTA**

REAL ESTATE PRIVATE EQUITY

NO BRASIL

Uma abordagem
contemporânea para
investidores imobiliários
profissionais

■ Os autores deste livro e a editora empenharam seus melhores esforços para assegurar que as informações e os procedimentos apresentados no texto estejam em acordo com os padrões aceitos à época da publicação, *e todos os dados foram atualizados pelo autor até a data da entrega dos originais à editora.* Entretanto, tendo em conta a evolução das ciências, as atualizações legislativas, as mudanças regulamentares governamentais e o constante fluxo de novas informações sobre os temas que constam do livro, recomendamos enfaticamente que os leitores consultem sempre outras fontes fidedignas, de modo a se certificarem de que as informações contidas no texto estão corretas e de que não houve alterações nas recomendações ou na legislação regulamentadora.

■ Data do fechamento do livro: 20/04/2022

■ Os autores e a editora se empenharam para citar adequadamente e dar o devido crédito a todos os detentores de direitos autorais de qualquer material utilizado neste livro, dispondo-se a possíveis acertos posteriores caso, inadvertida e involuntariamente, a identificação de algum deles tenha sido omitida.

■ **Atendimento ao cliente:** (11) 5080-0751 | faleconosco@grupogen.com.br

■ Direitos exclusivos para a língua portuguesa
Copyright © 2022, 2023 (3ª impressão) *by*
Editora Atlas Ltda.
Uma editora integrante do GEN | Grupo Editorial Nacional
Travessa do Ouvidor, 11
Rio de Janeiro – RJ – 20040-040
www.grupogen.com.br

■ Reservados todos os direitos. É proibida a duplicação ou reprodução deste volume, no todo ou em parte, em quaisquer formas ou por quaisquer meios (eletrônico, mecânico, gravação, fotocópia, distribuição pela Internet ou outros), sem permissão, por escrito, da Editora Atlas Ltda.

■ Capa: Bruno Sales Zorzetto

■ Editoração eletrônica: Caio Cardoso

CIP-BRASIL. CATALOGAÇÃO NA PUBLICAÇÃO
SINDICATO NACIONAL DOS EDITORES DE LIVROS, RJ

B218r

Barcellos, Carlos Eduardo R.

    Real estate private equity no Brasil : uma abordagem contemporânea para investidores imobiliários profissionais / Carlos Eduardo R. Barcellos, Maria Flavia C. Seabra, Bruno E. P. Costa. - 1. ed. [3ª Reimp.] - Barueri [SP] : Atlas, 2023.

    : il.

    Inclui bibliografia e índice
    ISBN 978-65-5977-262-9

    1. Mercado imobiliário. 2. Investimentos imobiliários. I. Seabra, Maria Flavia C. II. Costa, Bruno E. P. III. Título.

22-76638   CDD: 333.3322
                                                                              CDD: 332.72(81)

Gabriela Faray Ferreira Lopes – Bibliotecária – CRB-7/6643

SOBRE OS AUTORES

Bruno Eduardo Pereira Costa: Advogado, natural de Belo Horizonte (MG), especialista em direito imobiliário e negócios imobiliários no escritório Machado Meyer Sendacz e Opice Advogados. Presta assessoria jurídica em negócios imobiliários e da construção civil em geral. Tem ampla visão de mercado e *expertise* em estruturação de fundos de investimento imobiliários, contratos agrários e agronegócio, incorporação imobiliária e contratos imobiliários.

Possui MBA em Gestão de Negócios (2014) pela Fundação Getulio Vargas (FGV). Pós-graduado em Direito Público (2007) pelo Centro Universitário Newton Paiva. Bacharel em Direito (2005) pela Pontifícia Universidade Católica de Minas Gerais (PUC Minas).

É associado da Ordem dos Advogados do Brasil (OAB). Membro das Comissões de Imóvel Rural e Contratos Agrários e Regularização Fundiária do Instituto Brasileiro de Direito Imobiliário (IBRADIM).

Ranqueado pela Chambers Latin America 2018 na área de Direito Imobiliário. Classificado como *Leading Lawyer* pela *Legal 500*, edição 2018.

Recomendado pela *Legal 500*, edição 2018. Classificado entre os advogados mais admirados pela *Análise Advocacia*, edição 2018.

Carlos Eduardo Rugani Barcellos: Sócio e *managing director* da Imeri Capital. Possui extensa experiência em desenvolvimento e gestão de investimentos imobiliários, tendo participado em transações em diversos setores envolvendo mais de R$ 2 bilhões.

Antes da Imeri, Carlos foi diretor de investimentos em *private equity* imobiliário no Pátria Investimentos, onde se envolveu com diversas teses de investimento e foi *head* da empresa investida no segmento de *self storage*.

Foi também presidente na GWI Real Estate onde desenvolveu empreendimentos, estruturou e foi gestor do Fundo de Investimento Imobiliário GWI Condomínios Logísticos (GWIC11). Antes disso, foi diretor de marketing e desenvolvimento corporativo no Grupo Abril e consultor de estratégia na Booz Allen & Hamilton nos escritórios de São Paulo, Rio de Janeiro e

Londres. Carlos também ocupou posições em conselhos consultivos e de administração na Casa Mineira e B2W (B3: BTOW3).

Formado em Engenharia Civil pela Universidade Federal de Minas Gerais, Carlos possui um MBA pela Harvard Business School.

Maria Flavia Candido Seabra: Advogada, natural de São Paulo (SP), sócia e *Head* da área imobiliária do Machado Meyer Sendacz e Opice Advogados. Especialista em direito imobiliário, presta assessoria na estruturação dos mais diversos negócios imobiliários, tais como operações de aquisição de imóveis, locações, *built to suit* e investimentos no setor imobiliário do país, bem como na estruturação de desenvolvimento imobiliário, na regularização de imóveis, no financiamento e garantias em operações estruturadas. Tem vasta experiência em assuntos registrários.

Pós-graduada em Direito Contratual (2004) pelo Centro de Extensão Universitária. Bacharel em Direito (2001) pela Universidade Presbiteriana Mackenzie.

É associada da Ordem dos Advogados do Brasil (OAB) e *Officer* no Real Estate Commitee, da International Bar Association (IBA), no biênio 2021/2022.

Reconhecida pela publicação *Chambers Brazil* nas edições de 2016 a 2021, em Imobiliário. Recomendada pela *Análise Advocacia* de 2021 e pela *Legal* 500.

SOBRE AS EMPRESAS

IMERI CAPITAL

Fundada em 2011, a Imeri Capital é uma das principais empresas de assessoria financeira do Brasil. Temos como objetivos:

- Acelerar o crescimento dos nossos clientes por meio da captação de recursos, aquisição ou fusão com outras empresas.
- Estruturar ou melhorar o perfil de suas dívidas para destravar valor.
- Gerar liquidez para os sócios por meio da venda de suas empresas, visando diversificação patrimonial ou mudança de estilo de vida.

Os sócios da Imeri já concluíram mais de 150 transações estratégicas, no Brasil e no exterior, nos mais diversos setores da economia. Possuímos um conjunto diversificado de experiências profissionais, como executivos, consultores, investidores e membros de Conselhos de Administração de pequenas, médias e grandes empresas de capital aberto, o que nos permite entender as oportunidades e necessidades dos clientes por meio de múltiplas perspectivas.

A Imeri está estruturada como uma *partnership* que busca atrair talentos e construir um ambiente meritocrático que premia iniciativa, integridade e discernimento.

Saiba mais em www.imeri.com

MACHADO MEYER

Fundado em 1972, o Machado Meyer trabalha para oferecer soluções jurídicas inteligentes, que contribuam para o crescimento dos negócios que transformam realidades de nossos clientes e da sociedade.

Construímos uma trajetória inspirada em princípios éticos sólidos, na qualidade técnica de nossos profissionais e no contato próximo com nossos clientes. Tudo isso nos credencia como um dos principais escritórios de advocacia do Brasil.

Somos parceiros de confiança, aliados na busca das soluções jurídicas mais adequadas às necessidades de cada cliente. Criamos relacionamentos duradouros, baseados em uma cultura de comprometimento e colaboração, no desenvolvimento de equipes de alta competência e na atualização permanente dos nossos conhecimentos jurídicos e de negócios.

Proporcionamos soluções integradas, que combinam competências nas diversas áreas do Direito, somando conhecimento minucioso das leis a um entendimento profundo de negócio. Nós vamos além da resolução de problemas e buscamos criar e perpetuar valor para as empresas.

Nossos mais de 900 colaboradores buscam a excelência no que fazem: tornar negócios possíveis. Esse empenho é reconhecido pelas principais publicações do Direito, em alguns dos mais importantes prêmios do setor no Brasil e no mundo.

PREFÁCIO

Ao longo dos últimos anos, as grandes transações imobiliárias no Brasil têm se tornado cada vez mais sofisticadas em termos de complexidade de estruturação e financiamento. Instituições como fundos de investimentos, *family offices*, fundos soberanos e empresas de capital aberto têm ampliado sua atuação e se tornado operadores cada vez mais relevantes no mercado imobiliário.

Nesse contexto, esses operadores têm demandado o aprimoramento constante de estruturas financeiras e jurídicas que viabilizem e proporcionem segurança aos investimentos imobiliários.

Este livro tem a intenção de ilustrar a abordagem moderna de investimentos privados imobiliários, sob as perspectivas financeira e jurídica dos grandes investidores profissionais. Para tal, o trabalho está organizado em cinco capítulos, ilustrados na Figura 1.

O primeiro capítulo posiciona a classe de ativos imobiliários no contexto de uma visão holística de gestão de portfólio diversificado. A partir daí, os quadrantes do mercado de ativos imobiliários são apresentados, com foco especial no segmento de *real estate private equity*, para o qual se descreve todo o macro ciclo de investimento.

O segundo capítulo detalha o processo *top-down* de construção de teses de investimento imobiliário, desde a escolha das classes de ativos, passando pela decisão de mercado geográfico, *timing* e concluindo com a estratégia adotada em termos de posição no espectro de risco e retorno.

O terceiro capítulo detalha as metodologias adotadas pelos mais sofisticados investidores institucionais na análise de oportunidades de investimento específicas. São apresentadas as técnicas de modelagem financeira e os critérios de avaliação de atratividade e de riscos de negócio.

O quarto capítulo é dedicado ao entendimento dos aspectos de estruturação da operação de investimento sob o prisma do arcabouço jurídico brasileiro. São apresentados os principais termos contratuais, bem como os aspectos de análise de riscos jurídicos e diligência imobiliária. Adicionalmente, são avaliados os aspectos jurídicos para o desenvolvimento imobiliário, o licenciamento, a captação de recursos e a definição dos veículos.

Por fim, o quinto capítulo explora as alavancas de criação de valor, desde o uso de financiamentos imobiliários, estratégias de desenvolvimento de empreendimentos, *retrofit* e locação. Na sequência, é analisado o processo de desinvestimento, com a consequente realização do resultado.

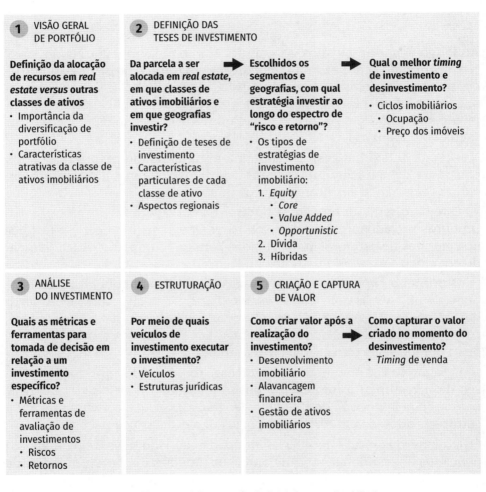

Figura 1 Visão geral do processo de investimentos imobiliários.

Fonte: os autores.

SUMÁRIO

CAPÍTULO 1
INTRODUÇÃO AO CONCEITO DE *REAL ESTATE PRIVATE EQUITY*, 1

CAPÍTULO 2
CONSTRUÇÃO DE TESES DE INVESTIMENTO IMOBILIÁRIO, 7
2.1 Entendendo as diferentes classes de ativos imobiliários, 7
    2.1.1 Industrial, 13
    2.1.2 Escritórios, 18
    2.1.3 Hotéis, 21
    2.1.4 Residencial, 28
    2.1.5 Varejo, 33
    2.1.6 *Self storage*, 37
    2.1.7 Moradia estudantil (*student housing*), 39
    2.1.8 Moradia para idosos (*senior housing*), 41
    2.1.9 *Data center*, 42
    2.1.10 Terrenos, 43
2.2 Em quais geografias investir?, 46
2.3 Escolhendo a estratégia de investimento, 52
2.4 Analisando o ciclo imobiliário e definindo o *timing* ideal para investir, 55

CAPÍTULO 3
ANÁLISE DE OPORTUNIDADES DE INVESTIMENTOS ESPECÍFICAS, 59
3.1 Investimentos em imóveis, 60
    3.1.1 Método comparativo, 60
    3.1.2 Método evolutivo, 68
    3.1.3 Método de capitalização de renda, 77
    3.1.4 Método involutivo, 85
    3.1.5 Análise de riscos, 90
3.2 Investimentos em projetos de desenvolvimento imobiliário, 92
3.3 Investimentos em empresas operacionais de base imobiliária, 96

CAPÍTULO 4

ESTRUTURAÇÃO JURÍDICA DA OPERAÇÃO, 103

4.1 Estudos preliminares e estruturação jurídica, 103
4.2 Análise jurídica de riscos, 105
    4.2.1 *Due diligence* imobiliária, 105
4.3 Aquisição, 109
    4.3.1 Contrato preliminar de aquisição do imóvel, 111
    4.3.2 Contrato definitivo de aquisição do imóvel, 112
4.4 Estruturas alternativas para viabilizar o investimento, 113
    4.4.1 Parceria imobiliária, 113
    4.4.2 Consórcio, 114
    4.4.3 Sociedade de propósito específico, 115
    4.4.4 Sociedade em conta de participação, 116
4.5 Desenvolvimento do Projeto, 117
    4.5.1 Aprovação e licenciamento do empreendimento, 117
    4.5.2 Incorporação imobiliária, 118
    4.5.3 Loteamento, 126
    4.5.4 Contrato de construção, 133
    4.5.5 Contrato de locação – Modalidade BTS, 135
4.6 Aspectos societários e tributários das sociedades de propósito específico, 137
    4.6.1 ITBI, 139
    4.6.2 IPTU, 140
    4.6.3 RET, 140

CAPÍTULO 5

CRIANDO E CAPTURANDO VALOR, 143

5.1 Alavancagem financeira, 143
    5.1.1 Financiamentos bancários, 146
    5.1.2 Emissão de títulos no mercado de capitais, 148
5.2 Desenvolvimento imobiliário, 151
5.3 Gestão de ativos imobiliários, 161
5.4 Captura de valor, 164

ANEXOS, 169
REFERÊNCIAS, 177
ÍNDICE ALFABÉTICO, 181

CAPÍTULO 1

INTRODUÇÃO AO CONCEITO DE *REAL ESTATE PRIVATE EQUITY*

Os mais sofisticados gestores globais de investimentos são contratados por seus clientes investidores para perseguirem objetivos específicos em termos de retorno, risco e liquidez.

Com as metas e regras de atuação definidas, a próxima etapa envolve, no caso de mandatos amplos em multimercados, a determinação do percentual de alocação dos recursos entre as diversas classes de ativos disponíveis.

Esta análise segue a teoria moderna de portfólio, segundo a qual a diversificação da carteira em ativos não perfeitamente correlacionados entre si cria valor para o investidor a partir da eliminação de determinados tipos de riscos, conhecidos como riscos não sistemáticos.

O benefício da diversificação pode ser alcançado tanto com exposição a diferentes geografias quanto com a alocação em diferentes classes de ativos, tais como ações de empresas, títulos de dívida, imóveis, infraestrutura, *commodities* minerais e florestais, obras de arte, entre outros. Além disso, múltiplos investimentos dentro de cada classe ou subclasse de ativos contribuem para a mitigação dos riscos não sistemáticos, conforme ilustrado na Figura 1.1.

Exemplificando a teoria da diversificação na prática, a Figura 1.2 mostra a alocação dos recursos de um dos maiores fundos de pensão do mundo entre diversas macroclasses de ativos de investimento. De maneira geral, a classe de ativos imobiliários representa entre 5 e 15% dos grandes portfólios institucionais.

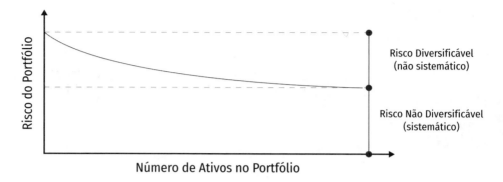

Figura 1.1 Benefícios com diversificação de portfólio.

Fonte: os autores.

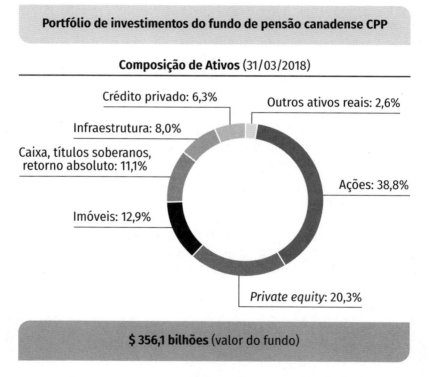

Figura 1.2 Composição da carteira de investimentos do fundo de pensão do Canadá, gerido pelo Canada Pension Plan Investment Board (CPPIB).

Fonte: Relatório anual, CPPIB (2018).

A classe de ativos imobiliários está presente na maioria dos portfólios de investimento em função de características distintas que contribuem para a diversificação. A primeira é a baixa correlação com outras classes de ativos, tais como renda fixa e ações. A Figura 1.3 compara o beta – indicador que mede a covariância dos retornos em relação aos do mercado geral de ações – do setor imobiliário com o de outros setores.

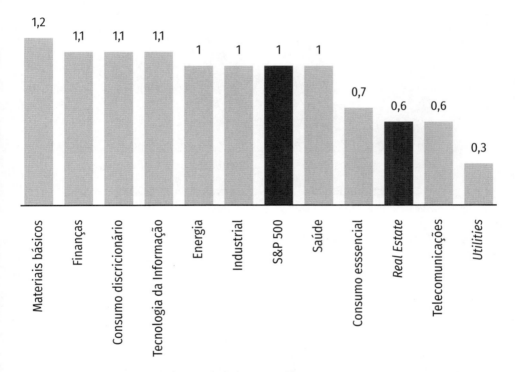

Figura 1.3 Beta histórico (últimos 5 anos) de diversos setores do mercado de ações norte-americano.

Fonte: S&P Global Marketplace Intelligence (31/07/2017). Lasalle Investments – Public and Private Real Estate.

A segunda característica é que a relação histórica entre risco e retorno tem se mostrado favorável, conforme indicado na Figura 1.4. Por fim, a correlação do mercado imobiliário com os preços da economia torna essa classe de ativo um *hedge* natural de inflação.

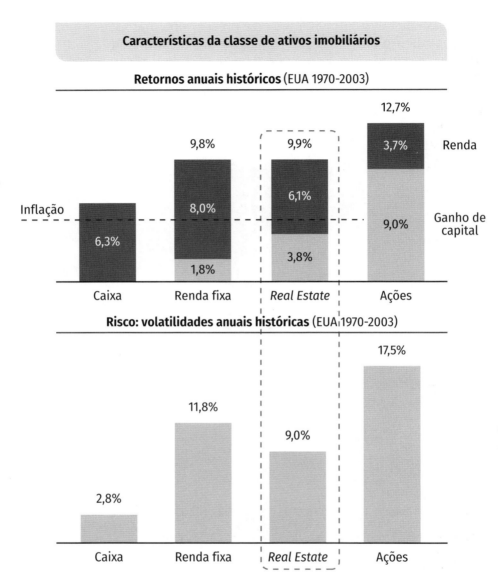

Figura 1.4 Comparativo de risco e retorno entre classes de ativos.

Fonte: Commercial real estate analysis and investments, de GELTNER, D. et al. (2007).

Após a definição da parcela dos recursos a serem alocados na macroclasse de ativos imobiliários, os mandatos de investimentos são entregues a equipes setoriais especializadas, que, por sua vez, irão estipular as parcelas dos recursos a serem aplicados nas subclasses do quadrante descrito na Figura 1.5.

Na subclasse de ativos imobiliários líquidos, negociados em mercado secundário, encontram-se os fundos de investimento imobiliários (FII), ações de empresas imobiliárias listadas e os instrumentos de dívida (CRI). Já a subclasse de investimentos imobiliários privados engloba imóveis, fundos de investimento em participações (FIP) e dívida bancária.

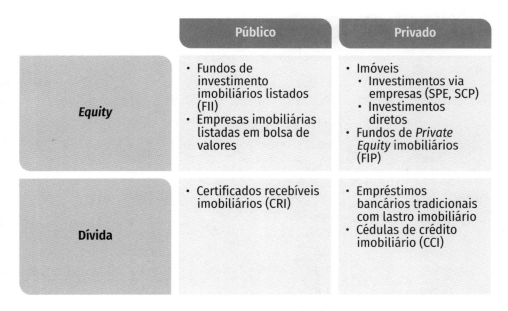

Figura 1.5 Quadrante de subclasses de ativos imobiliários.

Fonte: Imeri Capital.

Apesar de o ativo imobiliário ser o mesmo, estudos apontam para diferenças importantes, além da liquidez, entre as subclasses privadas e públicas do ponto de vista de gestão de portfólio. A primeira diferença é que os retornos de ativos imobiliários privados são impactados mais tardiamente que os de ativos públicos (*lag effect*). Além disso, a correlação entre as subclasses, ainda que positiva, é baixa em horizontes de curto prazo. Por fim, a menor volatilidade no mercado privado indica maior potencial de diversificação dessa subclasse.

Essa subclasse, doravante denominada *real estate private equity* **(REPE)**, engloba investimentos de médio e grande portes em *equity* imobiliário (imóveis ou companhias imobiliárias), executados com capital privado, por meio de fundos, empresas ou de forma direta, com ou sem utilização de instrumentos de dívida.

Como o nome indica, a indústria de REPE combina elementos dos setores imobiliários e de investimentos em participações em empresas privadas, uma vez que empregam fontes de capital privado e estratégias de criação de valor visando ao ganho de capital aplicadas ao setor imobiliário.

No Brasil, os maiores investidores de REPE incluem gestores de fundos de investimento, desenvolvedores imobiliários, operadores patrimonialistas (*owner-operators*) e *holdings* patrimonialistas (*family offices*). O Quadro 1.1 ilustra alguns dos maiores e mais ativos investidores imobiliários institucionais no Brasil.

Quadro 1.1 Amostra de empresas atuantes no segmento de *private equity real estate* no Brasil

Gestores especializados em REPE	Gestores multiativos com atuação em REPE	Desenvolvedores e operadores patrimonialistas (*owner operators*)
Alianza	Brookfield	BR Malls
Autonomy	BTG Pactual	BR Properties
Brio	CPPIB	Bresco
Blue Macaw	GIC	GLP
CIX Capital	H.I.G. Capital	Hines
GTIS Partners	Kinea	Prologis
Hemisfério Sul (HSI)	Opportunity	São Carlos
Jaguar Growth	Pátria	Share Student Living
RBR	RB Capital	Syn
Paladin	Rio Bravo	Tishman Speyer
VBI	V2	Yuca

Fonte: Imeri Capital.

CAPÍTULO 2

CONSTRUÇÃO DE TESES DE INVESTIMENTO IMOBILIÁRIO

Uma vez definida a parcela do portfólio a ser alocada ao segmento imobiliário, a próxima etapa envolve a construção da tese de investimento.

Uma tese de investimento é desenvolvida para atender os objetivos de risco, retorno e horizonte de liquidez do investidor, devendo responder a uma série de perguntas:

1. Em quais classes de ativos imobiliários investir?
2. Em qual localização geográfica?
3. Qual a estratégia de investimento?
4. Qual o *timing* ideal para se fazer o investimento?

Em geral, somente após responderem a essas questões e aprovarem suas teses, partem os investidores institucionais para análises de oportunidades de investimentos em negócios específicos.

2.1 ENTENDENDO AS DIFERENTES CLASSES DE ATIVOS IMOBILIÁRIOS

Existem muitas **classes de ativos imobiliários**, geralmente divididas em dois grandes grupos – tradicionais e emergentes (ou alternativos) –, conforme ilustrados na Figura 2.1.

As classes mais tradicionais de investimento imobiliário incluem os segmentos residencial, logístico, hoteleiro, varejista e de escritórios. São assim chamadas por já contarem com um ecossistema de desenvolvedores, operadores e investidores institucionais mais diversificado e maduro.

CAPÍTULO 2

As classes emergentes que englobam segmentos como *self storage*, *senior housing*, moradias estudantis, *data centers*, consideradas menos maduras, começaram recentemente a engrossar a participação em alguns portfólios institucionais diversificados.

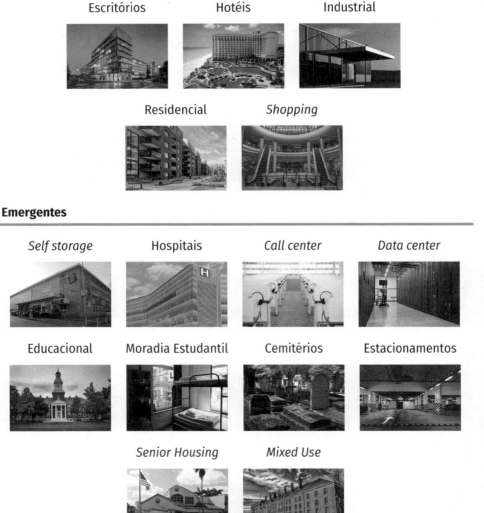

Figura 2.1 Classes de ativos imobiliários.

Fonte:

- Escritórios: Dietmar Rabich. Disponível em: https://commons.wikimedia.org/wiki/File:M%C3%BCnster,_LVM,_B%C3%BCrogeb%C3%A4ude_--_2013_--_5149-51.jpg?uselang=pt-br. Acesso em: 14 dez. 2021.
- Hotéis: rebelml | iStockphoto.
- Industrial: Tim Allen | iStockphoto.
- Residencial: RomanBabakin | iSotchphoto.
- *Shopping center*: https://pixabay.com/photos/escalators-stairs-metal-building-5614211/. Acesso em: 14 dez. 2021.
- *Self storage*: Philafrenzy. Disponível em: https://commons.wikimedia.org/wiki/File:Big_Yellow_self_storage,_High_Road,_Finchley.JPG?uselang=pt-br. Acesso em: 14 dez. 2021.
- Hospitais: peterspiro | iStockphoto.
- *Call center*: eakrin rasadonyindee | iStockphoto.
- *Data center*: Brett Sayles. Disponível em: https://www.pexels.com/pt-br/foto/centro-de-dados-base-de-dados-banco-de-dados-hardware-4508751/. Acesso em: 14 dez. 2021.
- Educacional: https://pixabay.com/photos/johns-hopkins-university-gilman-hall-1590925/. Acesso em: 14 dez. 2021.
- Moradia estudantil: Marcus Loke. Disponível em: https://unsplash.com/photos/WQJvWU_HZFo. Acesso em: 14 dez. 2021.
- Cemitérios: Linda Gerbec. Disponível em: https://unsplash.com/photos/kweiXJiQNwM. Acesso em: 14 dez. 2021.
- Estacionamentos: Egor Myznik. Disponível em: https://unsplash.com/photos/rCZQ-CbUAQvg. Acesso em: 14 dez. 2021.
- *Senior housing*: Argo Haverhill. Disponível em: www.argoseniorliving.com/. Acesso em: 14 dez. 2021.
- *Mixed use*: https://pixabay.com/pt/photos/cidade-de-nova-york-urbano-102901/. Acesso em: 14 dez. 2021.

Cada classe de ativo imobiliário possui perfis distintos em diversos atributos:

- Desenvolvimento:
  - Custo do terreno.
  - Zoneamento e grau de aproveitamento do terreno.
  - Prazos de licenciamento.
  - Custo e prazos de construção.
- Operação:
  - Curvas de vendas ou ocupação.
  - Preço por metro quadrado de venda e locação.
  - Complexidade de gestão condominial.
  - Intensidade de gestão comercial e administrativa.

- Taxas de depreciação e custos de manutenção.
- Margens operacionais.
■ Alavancagem financeira:
- Grau de alavancagem financeira disponível.
■ Riscos:
- Macro (correlação com fatores socioeconômicos).
- Mercado (vacância e preço em função de oferta e demanda).
- Crédito (inadimplência).
- Regulatórios.
■ Rentabilidade:
- Escala mínima de investimento.
- Taxas de capitalização de renda (*cap rates*).
- Potencial de criação de valor com desenvolvimento imobiliário (*spreads* entre valor de custo e valor de mercado).
- Taxas de retorno.

O Quadro 2.1 exemplifica como alguns desses indicadores se diferenciam por classe de ativo no mercado brasileiro.

Quadro 2.1 Comparativo de parâmetros selecionados entre algumas classes de ativos imobiliários no Brasil (2014)

	Self Storage	*Shopping*	Escritórios	Industrial	Hotel
1. Resultado Operacionais					
Aluguel ou Receita Bruta por ABL (R$/m² ABL)	80	72	160	20	190
Margem NOI/ Aluguel ou Receita Bruta (%)	75,0%	85,0%	96,5%	96,5%	30,0%
Lucro Operacional (NOI) por ABL (R$/m² ABL)	60	61	154	19	57

(continua)

(continuação)

	Self Storage	Shopping	Escritórios	Industrial	Hotel
2. Investimentos					
Custo de Terreno (R$/m² AC)	2.100	300	5.000	600	500
Custo de FF&E (R$/m² AC)	300	-	-	-	760
Construção (R$/m² AC)	900	3.000	2.500	1.300	2.000
Capex Total (R$/m² AC)	**3.300**	**3.300**	**7.500**	**1.900**	**3.260**
Relação ABL/AC	70,0%	67,0%	50,0%	100,0%	56,0%
AC Médio da Unidade (m²)	6.429	45.000	10.000	30.000	4.000
ABL Médio da Unidade (m²)	4.500	30.150	5.000	30.000	2.240
Capex Total Unitário (R$/m² ABL)	4.714	4.925	15.000	1.900	5.821
Capex Total por Imóvel (R$)	21.214.286	148.500.000	75.000.000	57.000.000	13.040.000
3. Rentabilidade do investimento em desenvolvimento					
Yield on Cost a.a. (NOI/Capex)	15,3%	14,9%	12,4%	12,2%	11,7%
Cap Rates de Mercado a.a.	13,0%	12,0%	9,5%	9,5%	9,5%
Spread entre Yield e Cap	2,3%	2,9%	2,9%	2,7%	2,2%

Fonte: os autores.

A Figura 2.2 ilustra como todos esses aspectos se traduzem em perfis diferentes de risco e retorno para cada classe de ativo, dentro de uma mesma determinada janela temporal.

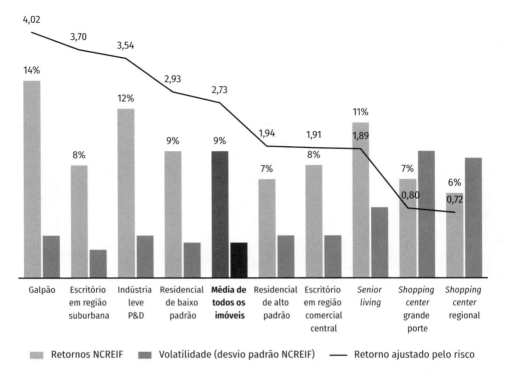

Figura 2.2 Perfil de risco e retorno por classe de ativo imobiliário nos EUA (histórico de 10 anos pré-segundo trimestre de 2021).

Fonte: NCREIF, adaptada pelos autores.

Um exemplo de como eventos externos impactam de forma distinta cada classe de ativo imobiliário está ilustrado na Figura 2.3, que demonstra a variação de preços das ações de empresas imobiliárias nos EUA em função da pandemia de Covid-19, em 2020.

Em função das restrições impostas a viagens e aglomerações populares, os setores de *shoppings* e hotéis foram os mais impactados, ao passo que setores imobiliários relacionados à tecnologia, como galpões para logística de *e-commerce*, *data centers* e torres de celulares, destacaram-se positivamente.

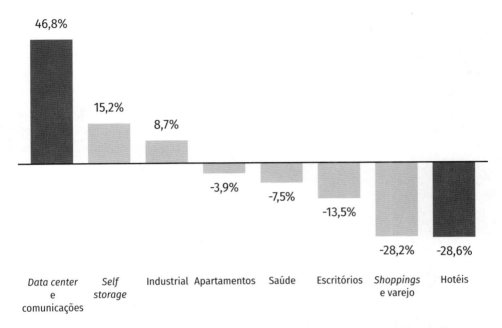

Figura 2.3 Grau de impacto da crise de Covid-19 nos diversos segmentos imobiliários (variação nos valores de Enterprise Value de REITs norte-americanos de fevereiro até junho de 2020).
Fonte: análise dos autores, Capital IQ.

Nas próximas subseções serão detalhadas as principais características de cada classe sob o ponto de vista dos diversos atributos apresentados anteriormente.

2.1.1 Industrial

A classe de ativos imobiliários **industriais** é subdividida em diversos segmentos de acordo com sua utilização.

Imóveis de uso fabril em geral possuem *layouts* de características específicas que os tornam pouco flexíveis para utilização de diferentes tipos de ocupantes. Esse alto grau de especificidade aumenta o risco para o proprietário em um cenário de vacância do imóvel, no qual a reposição do ocupante levará mais tempo e provavelmente demandará investimentos de adequação de *layout*. Pelo lado do ocupante, esses imóveis são considerados estratégicos e, portanto, sua propriedade é, em geral, da própria empresa ocupante. Sendo assim, esse imóvel geralmente não faz parte da carteira de investidores institucionais.

Ilustrados na Figura 2.4, os imóveis voltados para armazenagem em grande escala, chamados de **big boxes**, **bulk warehouses** ou grandes **centros de distribuição**, são galpões com área geralmente superior a 20.000 m², com elevado pé-direito (10+ m), alta resistência de piso (5+ ton/m²), refrigerados ou não, *cross-docking*, área de escritórios, ampla quantidade de docas (2+ a cada 1.000 m²), além de pátio de manobras e de estacionamento de veículos e carretas. Podem ser construídos para um único usuário, geralmente em operações sob medida (**built-to-suit**) ou em formato de **condomínios logísticos de galpões modulares** multiusuários. Por serem o primeiro destino de produtos saídos da fábrica, também são conhecidos como imóveis *first mile* e são localizados em um raio de até 100 km dos grandes centros consumidores.

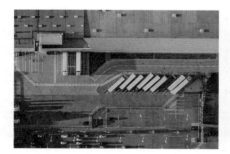 

Figura 2.4 *Bulk warehouses.*

Fonte: à esquerda: Panattoni, https://commons.wikimedia.org/wiki/File:Park_Mys%C5%82-owice_1.jpg. Acesso em: 14 dez. 2021. À direita: https://pixabay.com/photos/production-facility-logistic-4408573/. Acesso em: 14 dez. 2021.

No último elo da cadeia logística e impulsionados pelo advento do comércio eletrônico encontram-se os galpões de logística urbana, também chamados de **last mile**, que recebem os produtos oriundos dos grandes centros de distribuição e os preparam para a micro distribuição para o varejo ou diretamente ao consumidor final. São imóveis localizados nas grandes regiões metropolitanas com menor área construída (< 15.000 m²), *layout* para *cross-docking*, pátio para *trucks* urbanos (VUCs) e pé-direito inferior a 12 m², conforme ilustrados na Figura 2.5.

Figura 2.5 Galpões *last mile*.

Fonte: à esquerda: Keith Champaco, https://unsplash.com/photos/LtxEhu-Zvn8. Acesso em: 14 dez. 2021. À direita: ELEVATE, https://www.pexels.com/pt-br/foto/homem-dirigindo-uma-empilhadeira-amarela-levantando-caixas-1267324/. Acesso em: 14 dez. 2021.

Há, ainda, um segmento híbrido menos comum no Brasil, denominado **flex**, que combina elementos de logística, escritório, indústria leve e/ou pesquisa e desenvolvimento (Figura 2.6).

Figura 2.6 Galpão *flex*.

Fonte: MathieuLphoto | iStockphoto.

Em termos de demanda, o segmento de *real estate* industrial é correlacionado com o Produto Interno Bruto (PIB) e impulsionado predominantemente por dois fatores distintos: consumo doméstico e intensidade de comércio exterior. O primeiro demandando imóveis próximos aos grandes centros consumidores e o segundo, em *gateways* logísticos, como portos e aeroportos.

Pelo lado da oferta, o mercado brasileiro de *real estate* industrial é altamente profissionalizado, com a presença de operadores e investidores institucionais nacionais e internacionais (Quadro 2.2).

Quadro 2.2 Amostra de empresas atuantes no segmento de *real estate* industrial no Brasil

3SB	Harmonia
Alianza	Hedge
Autonomy	Hemisfério Sul (HSI)
Blue Macaw	Hines
Bluecap	Jaguar Growth
Bresco	Kinea
Brookfield	LOG Commercial Properties
BTG	Newport
Capital Realty	Ourinvest
CPPIB	Panorama Capital
CSHG	Patria
Exeter	Prologis
Fulwood	RBR
Gatti	Sanca
GB Armazens	Tellus
GL	TRX Realty
GLP	VBI
Goodman	Vinci
GTIS Partners	XP

Fonte: Os autores.

A oferta de novos estoques consome investimentos da ordem de R$ 1.500,00 a R$ 2.000,00/m² de área locável e leva de 12 a 24 meses entre planejamento, construção e entrega. Esse ciclo de desenvolvimento imobiliário relativamente mais curto reduz, mas não elimina, a volatilidade no segmento, como ilustrado na Figura 2.7.

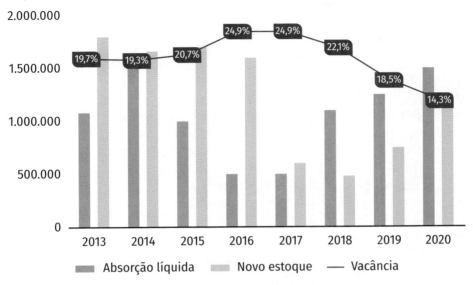

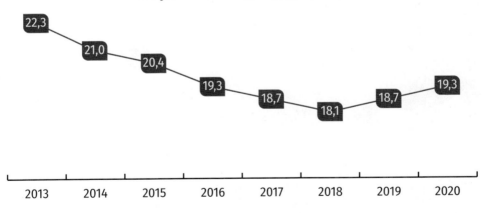

Figura 2.7 Panorama do mercado de galpões logísticos em São Paulo.

Fonte: JLL. Adaptada por Imeri Capital.

À luz desse perfil de risco, o mercado de transações de *real estate* industrial no Brasil apresenta boa liquidez, principalmente para ativos estabilizados de classe A em grandes regiões metropolitanas. Historicamente, esses imóveis são transacionados no mercado privado com diferenciais de 4 a 6% a.a. acima dos rendimentos dos títulos do tesouro nacional indexados à inflação (NTN-B).

2.1.2 Escritórios

A classe de investimentos em **escritórios** é usualmente dividida em duas categorias distintas: salas comerciais e corporativo.

O **segmento de edifícios de salas comerciais** não é foco de investidores institucionais, sendo os imóveis geralmente vendidos de forma fracionada a investidores individuais, para uso próprio ou locação para pequenas empresas ou profissionais liberais.

O **segmento corporativo**, ilustrado na Figura 2.8, inclui edifícios ou lajes alugadas para médias e grandes empresas.

Figura 2.8 Edifício corporativo e laje com forro e piso elevado.

Fonte: à esquerda: Jordan W., https://commons.wikimedia.org/wiki/File:LDS_Church_Office_Building_-_panoramio_(1).jpg?uselang=pt-br. Acesso em: 14 dez. 2021. À direita: Cezar Teixeira, https://commons.wikimedia.org/wiki/File:Piso_elevado_para_escrit%-C3%B3rios.jpg. Acesso em: 14 dez. 2021.

Em geral, são classificados de acordo com as suas especificações técnicas, conforme descritas no Quadro 2.3.

Quadro 2.3 Classificação de categorias de edifícios de escritórios corporativos

Classe	Especificações
A	Edifícios com lajes amplas (em geral superiores a 600 m^2), sistema de ar-condicionado central configurável, *hall* de entrada com acabamento de luxo, piso elevado, pé-direito com mínimo de 2,70 m, número de vagas de, no mínimo, 1:35 m^2 de área privativa, fibra ótica, sistemas de controle automatizados e segurança 24 horas. Localização privilegiada.
B	Edifícios regulares, com sistema de ar-condicionado central, menor disponibilidade de vagas, sistemas de conectividade tradicionais. Localização e acesso menos privilegiados.
C	Edifícios antigos, sem ar-condicionado central.

A estrutura da oferta de edifícios corporativos no Brasil está se modernizando com a ampliação do leque de operadores e investidores institucionais especializados no setor que extraem economias de escala no desenvolvimento e na gestão condominial e comercial desses imóveis (Quadro 2.4).

Quadro 2.4 Amostra de empresas atuantes no segmento de *real estate* de escritórios corporativos no Brasil

Alianza	Opportunity
Autonomy	Ourinvest
BR Properties	Partage
Brookfield	Patria
BTG	Quilombo
CPPIB	RBR
CSHG	São Carlos
GTIS Partners	Syn
Hedge	Tellus
Hemisfério Sul (HSI)	Tishman Speyer
Hines	VBI
JHSF	Vinci
Kinea	XP

Fonte: os autores.

Os novos estoques de edifícios classe A introduzidos no mercado por essas empresas demandam investimentos que variam de R$ 10.000 a R$ 30.000 por metro quadrado de área locável, incluindo projetos, licenciamentos, obras, terrenos, outorgas onerosas e certificados de potencial adicional de construção.

Além de custo mais elevado, essa tipologia demanda um tempo de desenvolvimento imobiliário mais longo (entre 3 e 4 anos), o que aumenta o risco de mercado para o investidor, haja vista que ele pode tomar a decisão de investimento dentro de um contexto econômico favorável e concluir a obra em um momento de mercado de locação em baixa, por exemplo.

Esse risco de descasamento é potencializado pelo fato de que a demanda por espaços de escritórios é fortemente correlacionada com a atividade empresarial da região metropolitana e de seus bairros, como ilustrada na Figura 2.9. Por outro lado, investidores posicionados em ativos de maior qualidade podem se aproveitar de uma dinâmica contracíclica, em que ocupantes de imóveis de qualidade inferior migram para imóveis de melhor qualidade, em um movimento conhecido como **flight to quality**.

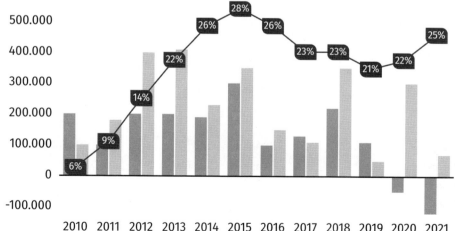

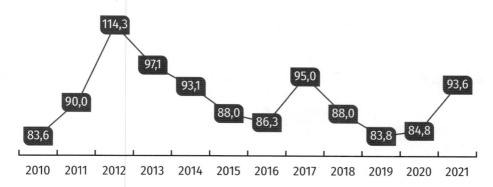

Figura 2.9 Panorama do mercado de escritórios de alto padrão em São Paulo.
Fonte: JLL. Adaptada por Imeri Capital.

A despeito de riscos de mercado mais acentuados, o segmento de escritórios é considerado pelos investidores como menos arriscado, haja vista estarem os imóveis localizados em regiões maduras e possuírem *layouts* flexíveis o suficiente para acomodarem uma variedade maior de inquilinos, reduzindo o risco de vacância.

Nesse sentido, os *cap rates* de transações privadas envolvendo edifícios de escritórios estabilizados e de bom padrão se situam historicamente em patamares de 3 a 5% a.a. acima dos rendimentos dos títulos do tesouro nacional indexados à inflação (NTN-B).

2.1.3 Hotéis

O Ministério do Turismo, em conjunto com o Sistema Brasileiro de Classificação de Meios de Hospedagem (SBClass), classifica os meios de **hospedagem** da seguinte forma:

- **Hotel**: estabelecimento com serviço de recepção, alojamento temporário, com ou sem alimentação, ofertados em unidades individuais.
- **Resort**: hotel com infraestrutura de lazer e entretenimento que possui serviços adicionais como de estética, recreação, convívio com a natureza, entre outros no próprio empreendimento.

- **Hotel fazenda**: estabelecimento localizado em ambiente rural que possui entretenimento e vivência com a natureza e o campo.
- **Cama & Café (*bed & breakfast*)**: hospedagem em residência com no máximo três unidades habitacionais para o uso turístico. Há a oferta de café da manhã e serviços de limpeza do quarto.
- **Hotel histórico**: hospedagem em edificação resguardada com seu aspecto original ou restaurada. Usualmente, é situada em locais em que ocorreram eventos históricos que são reconhecidos por grande parte da população.
- **Pousada**: empreendimento com característica horizontal com no máximo 30 unidades habitacionais e 90 leitos. O estabelecimento costuma oferecer serviços de recepção, alimentação e alojamento temporário.
- **Flat/Apart-hotel**: estabelecimento constituído por unidades habitacionais que dispõem de dormitório, banheiro, sala e cozinha, com administração profissionalizada e serviços de recepção, limpeza e arrumação. Usualmente, é utilizado para estadias de prazo maior.

De acordo com a pesquisa de serviços e hospedagem (PSH) realizada pelo Instituto Brasileiro de Geografia e Estatística (IBGE), o Brasil possui aproximadamente 31,3 mil estabelecimentos de hospedagem, com 1 milhão de unidades habitacionais e 2,4 milhões de leitos, dos quais cerca de 50% são em hotéis, apart-hotéis e *resorts*.

Do ponto de vista dos investidores em *real estate*, as categorias anteriormente citadas são geralmente agrupadas em duas: (i) *resorts* e (ii) hotéis urbanos, sendo estes voltados principalmente para atender o público de negócios e classificados em categorias, conforme indicado a seguir e mostrado na Figura 2.10.

- *Supereconômico/econômico*: hotéis com foco em "custo-benefício", com quartos pequenos e serviços adicionais limitados.
- *Midscale*: hotéis que oferecem mais conforto, com quartos amplos e decorados. Usualmente, costumam contar com restaurante, piscina e áreas de lazer.
- *Upscale*: hotéis de luxo que oferecem maior conforto, localização *premium* e serviços diferenciados, voltados para a "experiência" de estadia.

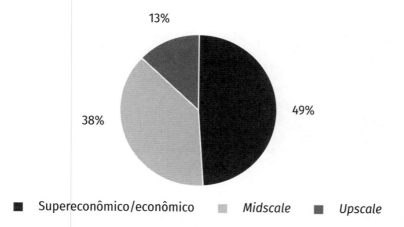

Figura 2.10 Hotéis no Brasil por categoria (estimativa).
Fonte: FOHB, 2019.

Em termos de demanda, o setor hoteleiro no Brasil apresenta alta correlação com o nível de atividade econômica, conforme ilustrado na Figura 2.11.

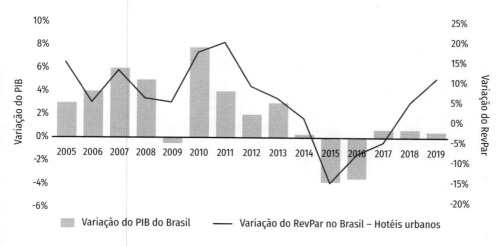

Figura 2.11 Variação do RevPAR em hotéis urbanos *versus* variação do PIB no Brasil.
Fonte: IBGE e FOHB, 2020.

Já do ponto de vista de oferta, o mercado é segmentado entre os empreendimentos afiliados a cadeias hoteleiras e os independentes, sendo essa última categoria predominante no Brasil, conforme ilustrado na Figura 2.12.

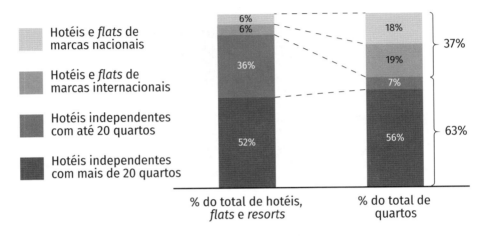

Figura 2.12 Proporção de hotéis, *flats* e *resorts* no Brasil segundo filiação.
Fonte: Hotelaria em números, 2019, JLL.

Em termos de administradoras, a Accor e suas marcas Ibis e Mercure lideram o *ranking* nacional, conforme os Quadros 2.5 e 2.6.

Quadro 2.5 *Ranking* das administradoras hoteleiras que atuam no Brasil

Posição	Administradora hoteleira	Nº de quartos
1	Accor	38.912
2	Atlântica	19.612
3	Nobile	11.450
4	Átrio	6.956
5	Nacional Inn	6.508
6	Intercity	5.472
7	Transamérica	4.381
8	Hplus	4.365

(continua)

(continuação)

Posição	Administradora hoteleira	Nº de quartos
9	Allia Hotels	4.300
10	Windsor	4.142

Fonte: Hotelaria em números, 2019, JLL.

Quadro 2.6 As 10 maiores marcas hoteleiras

Posição	Marca	Nº de quartos
1	Ibis	19.087
2	Ibis Budget	8.948
3	Mercure	8.518
4	Ibis Styles	5.209
5	Bristol	4.866
6	Quality	4.772
7	Windsor	4.142
8	Novotel	4.110
9	Intercity	3.207
10	Comfort	3.065

Fonte: Hotelaria em números, 2019, JLL.

Do ponto de vista do modelo operacional, a classe de ativos hoteleira apresenta uma característica de demanda volátil em função dos prazos curtos de estadia, o que exige gestão ativa de estratégia de preços e ocupação, objetivando maximizar um indicador conhecido no setor como **RevPAR**, ou receita por quarto disponível. O RevPAR é expresso pela multiplicação da diária média pela ocupação média do hotel, ou seja, é um indicador atrelado à receita de hospedagem do empreendimento.

Outras receitas acessórias são comuns nos empreendimentos, como as receitas provenientes dos setores de alimentos e bebidas (A&B) e eventos. Em relação à receita com A&B, alguns empreendimentos optam por terceirizar essa área e, portanto, recebem um valor do operador a título de aluguel. No entanto, grande parte dos hotéis e *resorts* prefere internalizar tal setor, tendo em vista que a receita com A&B representa, em média, 24% do total das receitas geradas pelos empreendimentos. Já em relação à receita com eventos, a representatividade desta depende da infraestrutura e da localização do empreendimento. Usualmente, hotéis que possuem receita relevante com eventos estão localizados em grandes centros e possuem uma infraestrutura diferenciada com salas grandes e modulares.

Já os custos e as despesas têm natureza preponderantemente fixas. Em um cenário de aumento na diária média e na ocupação, essa estrutura proporciona um aumento expressivo da margem operacional do empreendimento. Contudo, em um cenário de baixa demanda, potencializa o prejuízo.

Em termos de investimentos, um hotel demanda não apenas obras civis, mas também mobiliário, enxoval e equipamentos (**FF&E**), sendo que o investidor pode atuar em diferentes posições dentro da cadeia de valor da hotelaria, conforme indicado no Quadro 2.7.

O modelo *asset heavy* envolve a propriedade do imóvel, sendo que a operação hoteleira pode ser própria ou terceirizada para operadores especializados. Um formato recentemente introduzido no mercado brasileiro é o de multipropriedade, regrado pela Lei nº 13.777/2018, no qual o imóvel tem sua matrícula subdividida entre vários proprietários, que podem usufruir do imóvel (usar, ceder e locar) em períodos fracionados.

Já os modelos *asset light* são aqueles nos quais a propriedade do imóvel é de terceiros e a operação é terceirizada. Já no formato de *franchising*, a terceirização envolve apenas a cessão do uso da marca e dos sistemas de distribuição para o administrador hoteleiro.

Em função da característica de maior volatidade do setor, os *cap rates* de transações privadas envolvendo hotéis maduros se situam historicamente em patamares de 6 a 8% a.a. acima dos rendimentos dos títulos do tesouro nacional indexados à inflação (NTN-B).

Recentemente, os riscos do setor de hospitalidade têm sido ainda mais potencializados com o advento de modelos de negócios inovadores impulsionados por novas tecnologias. Um exemplo são as novas plataformas digitais, como o Airbnb, que permitem a desintermediação de estadias curtas e longas entre hóspedes e proprietários.

Quadro 2.7 Tipos de modelos de atuação no segmento de hotelaria

	Tipo	Modelo de receita	Opex	Capex	Parâmetros de rentabilidade
Asset heavy	Propriedade imobiliária	▪ Hospedagem ▪ Alimentos e bebidas ▪ Eventos	▪ Pessoal ▪ Canais de distribuição, principalmente *online travel companies* (OTC) ▪ Taxas de administração (quando a operação for terceirizada)	▪ Terreno ▪ Obras civis ▪ Mobiliário ▪ Manutenção	▪ TIR: +20% a.a.
	Multipropriedade	▪ Locação da fração de tempo	▪ Taxas condominiais proporcionais à fração adquirida que refletirão os gastos com pessoal, administração, manutenção etc. ▪ Despesas com comercialização da fração de tempo	▪ Valor referente à fração adquirida	▪ TIR: +20% a.a.
Asset light	Administração hoteleira	▪ Taxa de administração (fixa e variável) ▪ Taxa de uso da marca ▪ Taxa de marketing/distribuição	▪ Administração ▪ Pessoal	▪ Limitado	▪ Margem EBITDA: 40 a 60%
	Franchising	▪ *Franchising fee*	▪ Controle de qualidade	▪ *Branding*	▪ Margem EBITDA: +60%

Fonte: Análise Imeri.

2.1.4 Residencial

A classe de imóveis **residenciais** é uma das maiores e mais importantes do setor imobiliário, caracterizada pela resiliência, pelos baixos *cap rates* e segmentada em imóveis mono e multifamiliares, que incluem, respectivamente, casas e apartamentos de diversos padrões.

O segmento de **habitação econômica** é caracterizado por uma demanda crescente, impulsionada pelo grande número de novas famílias de baixa renda constituídas anualmente no Brasil.

Pelo lado da oferta, são construídas anualmente unidades habitacionais, em geral com áreas privativas inferiores a 45 m^2 e especificações técnicas básicas, em número insuficiente para fazer frente à demanda, ampliando-se assim o déficit habitacional no país (Figura 2.13).

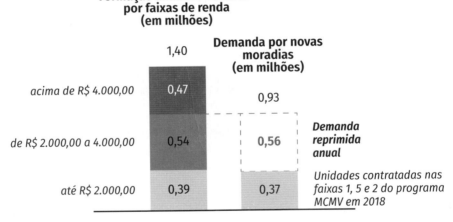

Nota: [1] estimativa do EY entre 2007 e 2030, com base em dados do IBGE e da FGV.

Figura 2.13 Panorama de oferta e demanda no segmento de habitação econômica.
Fonte: EY, MDR, adaptada por Imeri Capital.

Em razão desse quadro de demanda reprimida e da existência de programas públicos de financiamento à produção e aos clientes finais, como o Minha Casa Minha Vida (MCMV) – Figura 2.14 –, renomeado Casa Verde Amarela em 2020, diversas incorporadoras se especializaram para atender o segmento, incluindo grandes empresas de capital aberto em bolsa de valores, como MRV, Tenda e Direcional.

Figura 2.14 Exemplo de imóvel MCMV.

Fonte: Governo do Estado de São Paulo, https://commons.wikimedia.org/wiki/File: Entrega_de_Unidades_Habitacionais_do_Programa_Minha_Casa_Minha_Vida,_em_parceria_com_a_Casa_Paulista_(33041294553).jpg. Acesso em: 14 dez. 2021.

Essas e outras empresas do setor adotaram modelos de negócio que combinam:

1. Conhecimento regional, para identificação de terrenos e clientes.
2. Redução de custos, por meio de industrialização de processos e logística em escala nacional.
3. Elevada alavancagem financeira.
4. Vendas contratadas com repasses na entrega.
5. Aquisição de terrenos via permutas.

Como resultado, alcançam margens líquidas de aproximadamente 20%, taxas internas de retorno nominais superiores a 30% a.a. e múltiplos sobre capital investido superiores a três vezes, sobre uma base reduzida de capital investido.

O **segmento de médio e alto padrão**, voltado para o público com renda domiciliar acima de 10 salários mínimos, apresenta demanda agregada determinada pelo indicador conhecido como *affordability*, que é calculado a partir da relação entre o valor da parcela mensal do financiamento para aquisição do imóvel e a renda disponível do comprador.

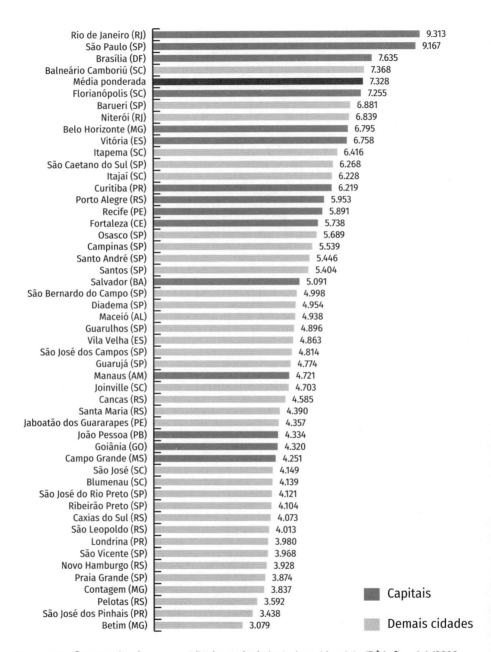

Figura 2.15 Comparativo do preço médio de venda de imóveis residenciais (R$/m^2) – Jul./2020.

Nota: (*) Variação acumulada nos últimos 12 meses encerrados no mês.

Fonte: FipeZap, IBGE e FGV.

Como o custo de construção, componente maior do custo de produção do imóvel, é menos elástico do que a demanda em razão da localização do empreendimento, os preços e, por consequência, as margens dos imóveis nas praças de maior poder aquisitivo tendem a ser mais altos (Figura 2.15).

Apesar de apresentar maior margem unitária por projetos em relação ao segmento econômico, o segmento residencial de médio e alto padrão apresenta menor escalabilidade e barreira de entrada. É um segmento mais fragmentado, com muitas empresas locais especializadas em seus mercados geográficos, mas também com grandes empresas de capital aberto, como Cyrela, Even, Gafisa, EZTEC, Trisul, Helbor, Tecnisa, Moura Dubeux, RNI, Viver, CR2 e Mitre, presentes nas principais capitais.

O modelo de negócios mais tradicional no segmento residencial, descrito na Figura 2.16, é o de **incorporação para venda**, na qual o investidor toma riscos de licenciamento, obra, custo de financiamento e de ciclo de mercado de compra e venda. Em troca desses riscos, busca margens líquidas de 20 a 30% sobre as vendas e taxas internas de retorno nominais acima de 20% a.a.

Ainda que no Brasil, país com cultura patrimonialista, o modelo de incorporação residencial para venda seja o mais comum, a tese de investimento em **incorporação de imóveis residenciais para renda** vem sendo introduzida nas grandes metrópoles brasileiras por incorporadores pioneiros, como Vitacon, Luggo e JFL Realty, Yuca, entre outros, à luz da redução do tamanho médio dos apartamentos, das mudanças no perfil sociodemográfico da população e das mudanças de hábito dos ocupantes, com preferência crescente por conveniência e flexibilidade do uso em detrimento da propriedade do bem imóvel.

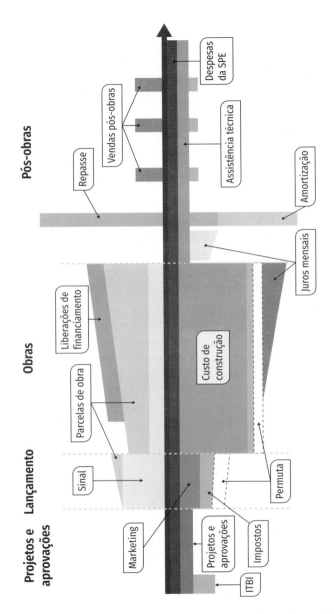

Figura 2.16 Modelo conceitual de fluxo de caixa de incorporação residencial de médio e alto padrão.
Fonte: RExperts.

2.1.5 Varejo

O segmento imobiliário de **varejo** é segmentado em *shopping centers*, centros comerciais e lojas de rua.

Os **shopping centers** (Figura 2.17) são grandes equipamentos urbanos, em geral com áreas brutas locáveis (ABL) superiores a 15.000 m² e que contam com estacionamento e *mix* de inquilinos (**tenant mix**) classificados em âncoras, megalojas, satélites, praça de alimentação e cinemas. A questão de *mix* é fundamental para criação de valor, em discussão a ser aprofundada na seção 5.3 deste livro.

Figura 2.17 Exemplo de *shopping center*.

Fonte: mostafa meraji, https://unsplash.com/photos/X0yKdR_F9rM. Acesso em: 14 dez. 2021.

O principal determinante de demanda é o poder de compra da população residente na área de influência do *shopping*, correlação esta ilustrada na Figura 2.18.

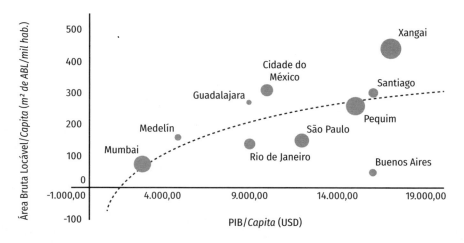

Figura 2.18 Correlação entre ABL/Capita e PIB/Capita.

Fonte: Abrasce, BTG, IBGE, World Bank.

Nota: o tamanho das bolhas indica a população das regiões em análise. Regressão linear não inclui região metropolitana de Buenos Aires.

O poder aquisitivo agregado da área de influência de um *shopping* se traduz em um potencial de fluxo de pessoas e, consequentemente, de vendas que é parcialmente capturado pelos investidores por meio de um contrato de locação pelo qual o inquilino paga um aluguel percentual sobre seu faturamento (*overage*), sujeito a um piso mínimo mensal.

Seguindo o perfil da demanda, a oferta de *shopping centers* no Brasil é concentrada nas principais cidades da região Sudeste, que responde por 54% da ABL nacional de 16,8 milhões de m² em 2019, segundo dados da Abrasce. Ainda que concentrada geograficamente, a oferta é fragmentada em termos de proprietários e operadores, com as quatro maiores empresas detendo menos de 30% de participação de mercado.

A administração da oferta e demanda por parte dos operadores do setor é conduzida por operadores experientes que fazem uma gestão de *mix* de lojas que permita transformar o *shopping* não apenas em um centro de compras, mas de conveniência, serviços, logística e entretenimento, ou seja, em um ponto de referência que faça parte da vida de seus clientes.

Quadro 2.8 Amostra de empresas atuantes no segmento de *shoppings* no Brasil

Proprietários-operadores	Gestores de investimentos no setor de *shoppings*	Operadores não proprietários
Almeida Júnior	BRPP	AD Shopping
Aliansce Sonae	Hedge	Enashopp
Ancar Ivanhoe	HSI	Lumine
BR Malls	Patria	
General Shopping	Vinci	
Iguatemi	XP	
Grupo JCPM		
JHSF		
Multiplan		
Sá Cavalcante		
Saphyr		
Grupo Tavares de Melo		
Tenco		

Fonte: Imeri Capital.

Esse movimento de reposicionamento, combinado com uma estratégia multicanal, ou *omnichannel*, que incorpora ferramentas de *marketplace* digital ao varejo físico, tem ajudado a mitigar os desafios do setor, relacionados ao crescimento da participação do *e-commerce* na fatia de compra do consumidor, visível principalmente em países maduros (Figura 2.19). No Brasil, tal efeito ainda não é sentido com a mesma intensidade, haja vista a característica distinta de localização urbana, e não suburbana, dos principais *shoppings* nacionais.

Além dos *shopping centers*, outros segmentos do varejo imobiliário de menor porte são os **centros comerciais**, sejam eles centros de conveniência (*strip malls*), *outlets* ou *power centers*.

Os **strip malls** (Figura 2.20) são centros de conveniência com área locável usualmente entre 1.500 e 5.000 m² com presença de uma ou mais lojas-âncora e 10 a 15 lojas satélites. Em função da localização *premium*, consomem investimentos, entre terreno e construção, da ordem de R$ 7.000,00/m² de ABL e praticam patamares de aluguel por volta de R$ 90,00/m² de ABL. Após a estabilização da ocupação, essas propriedades são negociadas a *cap rates* por volta de 350 *basis points* (bps) acima dos rendimentos dos títulos do tesouro nacional indexados à inflação (NTN-B).

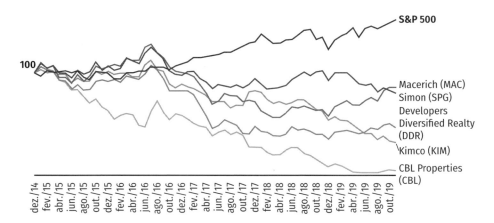

Figura 2.19 *Performance* de empresas de *shoppings* nos EUA *versus* índice S&P 500 (Base 100).
Fonte: Yahoo Finance e análises da Imeri Capital.

Figura 2.20 Exemplo de *strip mall*.

Fonte: UpstateNYer, https://commons.wikimedia.org/wiki/File:Strip_Mall_Troy.jpg. Acesso em: 14 dez. 2021.

No Brasil, há operadores especializados no segmento, como Best Center, Florida Center, MyMall, AryBrasil, MecMalls, BRStores e HBR Realty.

Os **outlets** (Figura 2.21) são centros comerciais com ABL inferior à de *shopping centers*, localizados fora das regiões urbanas onde fabricantes vendem seus produtos diretamente ao consumidor final. São locais de destinação para compras de produtos com desconto.

Figura 2.21 Exemplos de *outlets*.

Fonte: à esquerda: Abasaa, https://commons.wikimedia.org/wiki/File:Sano_Premium_Outlets.JPG. Acesso em: 14 dez. 2021. À direita: Prosperosity, https://commons.wikimedia.org/wiki/File:Mitsui-outlet-park.png. Acesso em: 14 dez. 2021.

Em razão da infraestrutura menos sofisticada e de serviços condominiais mais simplificados, o custo total de ocupação de um inquilino em um *outlet* geralmente não ultrapassa 10% do faturamento, em contraste com percentuais que podem ultrapassar 20% em *shopping centers*.

Os principais operadores do setor no Brasil são General Shopping, Iguatemi e JHSF.

Por fim, os **power centers** são imóveis construídos sob medida para receber uma ou mais operações-âncora de varejo de grande porte e lojas satélites, servidas por estacionamento aberto compartilhado.

2.1.6 Self storage

Com histórico recente no Brasil, porém com rápido crescimento, **self storage** é um negócio de natureza imobiliária que envolve a locação de espaço em centros urbanos para o armazenamento de bens em *boxes* individuais de diversos tamanhos, entre 1 e 100 m². Exemplos de imóveis dessa categoria são mostrados na Figura 2.22.

A demanda, menos sensível a ciclos econômicos do que a de outras classes de ativos, é segmentada entre clientes pessoas físicas, que utilizam o espaço para guarda de bens de uso pessoal, e empresas de pequeno porte, que exploram o espaço para estoque de mercadorias. Ancorados inicialmente em clientes empresariais, os *self storages* vêm observando crescente representatividade do segmento de pessoas físicas, à medida que o conceito se difunde no Brasil e que o tamanho médio dos apartamentos nas grandes metrópoles se reduz.

Figura 2.22 Exemplos de imóveis de *self storage*.

Fonte: à esquerda: Robbie Cameron, https://commons.wikimedia.org/wiki/File:Storage_King_Self_Storage.jpg?uselang=pt-br. Acesso em: 14 dez. 2021. À direita: Self Storage, https://commons.wikimedia.org/wiki/File:Stokado_Self_Sorage.jpg?uselang=pt-br. Acesso em: 14 dez. 2021.

Em relação à oferta, é fragmentada entre diversos operadores-proprietários em âmbito local operando um número limitado de unidades. Nos últimos 10 anos, todavia, o mercado brasileiro de *self storage* recebeu investimentos em maior escala por meio de gestores como Equity International, HSI, Patria, Prolífico, Evergreen e TRX. Ainda assim, o mercado é pouco penetrado em um comparativo internacional. Os dois maiores operadores nacionais, Guarde Aqui e Goodstorage, possuíam em 2020 menos de 50 unidades em operação, uma fração desproporcionalmente pequena em relação ao maior operador nos EUA, com 2.500 unidades.

Esses operadores se beneficiam de ganhos de escala em captação de novos clientes via marketing digital e processamento centralizado de atividades administrativas das diversas unidades.

A equação "demanda *versus* oferta" dessa classe de ativo produz preços de locação médios entre R$ 60,00 e R$ 80,00/m², margens operacionais entre 60 e 70% e ocupações que alcançam em torno de 85% após período de maturação de 4 anos. À luz dos investimentos em terreno, obras e mobiliário, os investidores obtêm patamares de retorno sobre o investimento na estabilidade, ou **stabilized yield on cost**, de 12 a 14% a.a.

Após a estabilização, as propriedades de *self storage* são precificadas a *cap rates* baixos, similares aos do mercado residencial, refletindo a baixa volatilidade relativa do segmento. Nos EUA, os *cap rates* do setor têm sido historicamente 2 a 3% superiores aos títulos de 10 anos do tesouro norte-americano.

2.1.7 Moradia estudantil (*student housing*)

As **moradias estudantis** (Figura 2.23) são uma classe de ativos imobiliários emergente no Brasil. Envolvem uma combinação de *real estate* com operação de hospitalidade desenhada para acomodar estudantes universitários em quartos mobiliados individuais ou coletivos, além de oferecer serviços de valor agregado e promover a socialização dos ocupantes.

A demanda, capturada em ciclos semestrais ou anuais de matrículas, é relativamente resiliente à recessões e determinada por diversos fatores, entre eles: o aumento da renda *per capita*, o crescimento de matrículas de ensino superior, a atratividade de polos universitários locais e, consequentemente, a proporção de estudantes originários de fora dessas cidades. O panorama do perfil universitário das cidades brasileiras é mostrado na Figura 2.24.

Figura 2.23 Exemplos de moradia estudantil.

Fonte: no topo, à esquerda: https://commons.wikimedia.org/wiki/File:Student_housing,_NSU_1.jpg. Acesso em: 14 dez. 2021. No topo, à direita: Ad Meskens, https://commons.wikimedia.org/wiki/File:Vrije_Universiteit_Brussel_on_campus_housing_19.jpg. Acesso em: 14 dez. 2021. Terceira imagem: Vysotsky, https://commons.wikimedia.org/wiki/File:EdinburghStudentRoom2017.jpg?uselang=pt-br. Acesso em: 14 dez. 2021.

A oferta no Brasil ainda é pouco especializada, com a predominância de apartamentos e quitinetes para locação. Todavia, operadores pioneiros, como Uliving e Share, crescem com modelos escaláveis de operação, apoiados por investidores institucionais.

Em função das características de demanda e oferta, que combinam elementos híbridos das classes de ativo residencial e hoteleira, as teses de investimento no setor de moradias estudantis tendem a envolver modelos em que os imóveis são construídos ou reformados para então serem administrados pelos operadores em estratégias de desenvolvimento para renda (*build-to-own*).

A rentabilidade advém da renda de locação recorrente e margens EBITDA superiores a 60%, sob uma base de custo de investimento em torno de R$ 5.000,00/m² de área construída entre terreno, obra e mobiliário (FF&E).

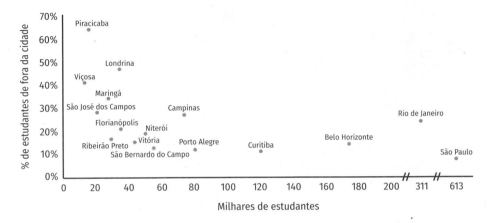

Figura 2.24 Cidades *versus* percentuais de estudantes oriundos de fora da cidade.
Fonte: IBGE, PNUD, MEC (2013).

2.1.8 Moradia para idosos (*senior housing*)

Outra classe emergente de ativos imobiliários é a de **instituições de longa de permanência de idosos** (ILPI), ou *senior housing*, que inclui imóveis destinados a hospedar idosos ao longo do espectro de graus de independência e necessidades de assistência. Exemplos de instalações desse tipo de ativo são mostrados na Figura 2.25.

Para os idosos saudáveis, com elevado grau de independência, os produtos imobiliários incluem condomínios com serviços de hospitalidade e bem-estar.

Já para idosos que demandam cuidados assistenciais em atividades de higiene, alimentação ou mobilidade, as instalações incluem espaços e serviços de lavanderia, fisioterapia, enfermagem, nutrição e terapia ocupacional.

Figura 2.25 Exemplos de moradia para idosos da Argo Haverhill (www.argoseniorliving.com/).

A demanda no Brasil cresce à luz de fatores sociodemográficos como o envelhecimento da população, a redução do tamanho das famílias, o aumento da participação da mulher no mercado de trabalho e o encarecimento do custo de mão de obra doméstica.

Em linha com a demanda crescente, a oferta no mercado brasileiro, ainda preponderantemente servida por instituições públicas ou sem fins lucrativos, começa a receber investimentos da iniciativa privada em modelos de negócios de maior escala, em empresas como a Cora Residencial Senior, empresa investida do Pátria Investimentos e do grupo europeu Orpea.

Ainda que escalável no nível da plataforma, trata-se de um segmento no qual a componente operacional do modelo de negócios é mais relevante do que a imobiliária no nível da unidade, exigindo-se elevadas taxas de ocupação de leitos para atingimento do equilíbrio, produzindo margens EBITDA em geral inferiores a 20% e exigindo investimentos em torno de R$ 5.500,00/m² de área construída entre terreno, obra e equipamentos.

2.1.9 *Data center*

Um dos nichos imobiliários mais recentes e crescentes é o de imóveis voltados para operações de centros de dados, ou ***data centers*** (Figura 2.26).

Figura 2.26 Exemplos de *data centers*.
Fonte: à esquerda: Efb91, https://commons.wikimedia.org/wiki/File:CervalisNorwalk-DataCenter.png. Acesso em: 14 dez. 2021. À direita: 123net, https://commons.wikimedia.org/wiki/File:123Net_Data_Center_(DC2).jpg. Acesso em: 14 dez. 2021.

A demanda por essas instalações é impulsionada pelo crescimento do comércio eletrônico e dos sistemas de armazenagem em nuvem, sendo os ocupantes principalmente empresas dos setores de telecomunicações, tecnologia da informação, instituições financeiras, varejistas e grandes corporações.

Em relação à oferta, o parque nacional era inicialmente composto predominantemente por imóveis de propriedade dos próprios usuários. Atualmente, com o surgimento de provedores especializados como Odata e Ascenty, inquilinos podem adotar modelos de negócios de locação sem necessidade de investimentos (*asset-light*).

Para os investidores, os imóveis demandam investimentos de cinco a dez vezes superiores aos de galpões industriais, em função de especificações técnicas rigorosas em termos de climatização, disponibilidade de energia e cabeamentos óticos, o que torna um desafio a busca de sites com localizações ideais. Além de investimentos elevados, essa classe de ativo está sujeita a riscos de obsolescência tecnológica e, como é pouco flexível a mudanças de uso, demanda modelos de contratos de locação de longo prazo como mitigadores de risco.

2.1.10 Terrenos

A **propriedade de terra** é uma das classes de ativos imobiliários mais tradicionais e conservadoras quando se fala em modalidade de investimento no Brasil, percebida como reserva de valor, *hedge* natural contra a inflação e uma opção de desenvolvimento imobiliário a ser exercida em momentos favoráveis de mercado.

A principal tese de investimento envolvendo terrenos é a de urbanização e parcelamento do solo, em que se arbitra lucro a partir da diferença entre o preço da terra no atacado e o no varejo, ou como dizem os loteadores: "comprar terra por hectare e vender por metro quadrado".

Há dois segmentos principais de urbanização: o de condomínios fechados de médio e alto padrão e os loteamentos abertos voltados para o público de baixa renda.

A demanda por terrenos em **condomínios fechados** (Figura 2.27) é determinada por aspectos aspiracionais envolvendo qualidade de vida e segurança. Além disso, o custo de compra de um terreno (~R$ 600,00/m^2) e de edificação (~R$ 3.000,00/m^2) de uma casa em um desses condomínios é, em geral, significativamente inferior ao de um imóvel de igual qualidade dentro do centro urbano.

Figura 2.27 Exemplo de condomínio fechado.
Fonte: rodclementphotography | iStockphoto.

Do lado da oferta, o mercado é fragmentado, com diversos operadores regionais e algumas empresas com atuação nacional, como Alphaville. Esses operadores atuam permutando o terreno com o proprietário da área e investindo em torno de R$ 250,00/m^2 de área líquida de vendas no licenciamento e infraestrutura. Em função da baixa exposição de caixa em relação ao valor de vendas, capturam taxas internas de retorno que podem superar 40% a.a.

Já os **loteamentos abertos** (Figura 2.28) possuem infraestrutura básica e acesso a transporte público, são parcelados em lotes com tamanhos inferiores a 250 m^2 e são demandados por famílias de baixa renda que buscam adquirir um imóvel com um custo de parcela mensal de financiamento inferior ao do aluguel.

Figura 2.28 Exemplo de loteamento aberto.

Fonte: Geraldo Wagner Oliveira, https://commons.wikimedia.org/wiki/File:Foto_a%C3%A9rea_Residencial_Bouganville_ap%C3%B3s_Pavimenta%C3%A7%C3%A3o_-_panoramio_-_Geraldo_Wagner_Olive%E2%80%A6_(1).jpg?uselang=pt-br. Acesso em: 14 dez. 2021.

Em função da metragem reduzida, podem inclusive superar em preço por metro quadrado os lotes em condomínios fechados.

A oferta desse produto também é fragmentada, com operadores regionais atuando com baixa exposição de caixa por meio de modelos de permuta com investimentos em infraestrutura inferiores a R$ 100,00/m² de área líquida de vendas, gerando taxas internas de retorno muitas vezes superiores às de empreendimentos de alto padrão.

2.2 EM QUAIS GEOGRAFIAS INVESTIR?

Definida a classe de ativos imobiliários, o próximo passo na construção da tese de investimento é a escolha das macros e microrregiões geográficas.

Em termos macrorregionais, a definição envolve escolher realizar o investimento em um mercado imobiliário primário ou secundário.

Mercados primários são caracterizados como regiões em que há diversidade de demanda de ocupação e liquidez em transações de imóveis. Em geral, incluem as maiores regiões metropolitanas do Brasil, embora o conceito não seja universal, ou seja, uma determinada cidade pode ser considerada um mercado primário para galpões logísticos, mas secundária para edifícios de escritório, como é o caso de Belo Horizonte.

Os **mercados secundários** são outras capitais de menor porte ou cidades do interior com população em geral superior a 500 mil habitantes.

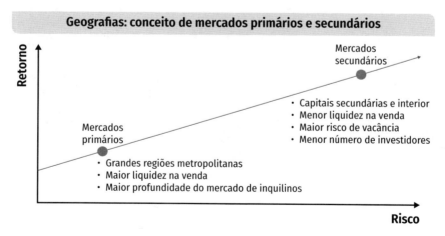

Figura 2.29 Mercados primários e secundários.

Fonte: Imeri Capital.

A escolha de macrorregiões envolve análises estruturais e conjunturais de oferta e demanda de uso e de investimentos imobiliários.

A análise de potencial de uso contempla o entendimento de lacunas entre os indicadores de demanda (p. ex., densidade e crescimento demográfico, faixa etária, classes sociais, cesta de consumo domiciliar, *affordability*, atividade empresarial ou industrial, malha logística) e de oferta (vacância e previsão de novos estoques), que se refletem nos preços de locação dos imóveis. Como os custos de construção, que compõem a maior fração do custo do imóvel, em geral não diferem tanto entre regiões, os preços de locação tendem a apontar na direção das regiões mais atrativas para investimentos em novas construções.

Quadro 2.9 Exemplo conceitual de tabela de priorização de macrorregiões para segmento imobiliário demandado por clientes individuais e empresariais

Rank	Cidade	Determinantes de demanda no segmento imobiliário analisado — Proxy 1: Renda domiciliar (# domicílios de classes A1, A2 e B1)	Determinantes de demanda no segmento imobiliário analisado — Proxy 2: Atividade empresarial PIB 2010 (R$ 000)	Determinantes de oferta no segmento imobiliário analisado — Número de empresas concorrentes (ou outra métrica, por exemplo, estoque existente ou nº de lançamentos no segmento)
1	São Paulo	1.047.588	443.600.102	15
2	Rio de Janeiro	620.130	190.249.043	6
3	Brasília	270.188	149.906.319	2
4	Belo Horizonte	238.763	51.661.760	4
5	Curitiba	214.155	53.106.497	1
6	Porto Alegre	177.340	43.038.100	2
7	Salvador	162.470	36.744.670	1
8	Fortaleza	123.099	37.106.309	1
9	Manaus	74.298	48.598.153	–
10	Campinas	111.833	36.688.629	2
11	Guarulhos	72.413	37.139.404	–
12	Recife	103.708	30.032.003	2
13	São Bernardo do Campo	75.133	35.578.586	–
14	Goiânia	122.782	24.445.744	–
15	Osasco	50.100	36.389.080	–

(continua)

(continuação)

Rank	Cidade	Determinantes de demanda no segmento imobiliário analisado		Determinantes de oferta no segmento imobiliário analisado
		Proxy 1: Renda domiciliar (# domicílios de classes A1, A2 e B1)	Proxy 2: Atividade empresarial PIB 2010 (R$ 000)	Número de empresas concorrentes (ou outra métrica, por exemplo, estoque existente ou n° de lançamentos no segmento)
16	Santos	58.341	27.616.035	1
17	Santo André	74.629	17.258.468	–
18	Belém	71.445	17.987.323	–
19	São José dos Campos	55.544	24.117.145	–
20	Ribeirão Preto	60.752	17.004.019	–

Fonte: IBGE, análises Imeri.

Ainda que o entendimento do potencial de uso seja fundamental para a escolha das macrorregiões, ele não é suficientemente conclusivo, haja vista que o sucesso de um investimento depende não apenas do potencial de rendimento de locação, mas principalmente do preço de venda do imóvel.

Para avaliar o potencial do preço de venda do imóvel é fundamental uma análise do mercado de transações de compra e venda de imóveis na macrorregião. A relação entre a demanda de compradores e a oferta de vendedores é analisada a partir do volume de transações (liquidez) e dos preços por metro quadrado. Esse último indicador é analisado à luz do custo de reposição do imóvel e, em conjunto com os preços de locação praticados na região, do *cap rate* implícito. Macrorregiões atrativas tendem a ser aquelas nas quais os preços de mercado do metro quadrado estejam abaixo do custo de reposição ou nas quais o *cap rate* esteja acima do que o observado em outras regiões ou acima do que o mercado de capitais aponta.

Esse entendimento da dinâmica das relações entre os mercados de uso, de transações, de construção e de capitais, ilustradas na Figura 2.30, é determinante para a definição das atratividades relativas das macrorregiões em termos de investimento.

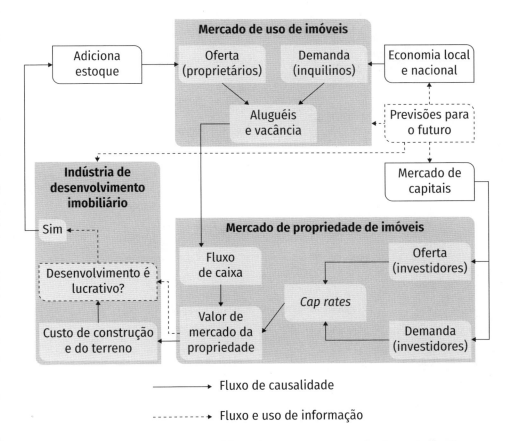

Figura 2.30 Dinâmica do sistema imobiliário: interação entre mercados de uso, transações, capitais e construção.

Fonte: *Commercial real estate analysis and investments*, de GELTNER, D. et al. (2007).

Um modelo gráfico de representação das inter-relações entre as variáveis foi desenvolvido por DiPasquale e Wheaton e é conhecido como **quatro quadrantes**, descrito na Figura 2.31. Nesse diagrama, os pontos de equilíbrio de longo prazo do sistema, nas diversas variáveis, são representados pelo retângulo e suas interseções com os eixos horizontal e vertical. A dinâmica entre as variáveis, descrita na seção 2.4, explica a origem dos ciclos imobiliários.

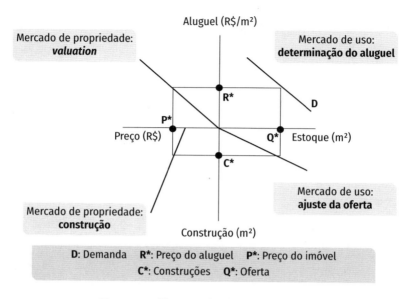

Figura 2.31 Diagrama de quatro quadrantes.
Fonte: *Commercial real estate analysis and investments*, de GELTNER, D. et al. (2007).

Após a análise e a definição das macrorregiões, os investidores imobiliários iniciam o processo de escolha das microrregiões mais atrativas e dos sites específicos, em um processo conhecido como **site selection**, esquematizado na Figura 2.32. Para tal, além de aplicarem, em uma escala micro, a mesma lógica demanda e oferta imobiliária descrita nos parágrafos anteriores, os investidores buscam avaliar os seguintes aspectos:

- Zoneamento (restrições de uso e de edificação).
- Visibilidade (esquina *versus* miolo).
- Fluxo de veículos e pedestres (volume, direção, sentido e sazonalidade).
- Facilidade de acesso.
- Disponibilidade de infraestrutura (escolas, saúde, saneamento, eletricidade, varejo, transporte, telecomunicações).
- Preço dos imóveis.
- Meio ambiente (rios e nascentes, áreas verdes, volume de ruídos, direção do vento, posição do sol).
- Topografia.
- Características do solo.

CONSTRUÇÃO DE TESES DE INVESTIMENTO IMOBILIÁRIO 51

Mapeamento Macrorregional

Ranking	Cidade	Determinantes de demanda no segmento imobiliário analisado		Determinantes de oferta no segmento imobiliário analisado
		Proxy 1: Renda domiciliar (# domicílios de classes A1, A2 e B1)	Proxy 2: Atividade empresarial (PIB 2010 em R$ 000)	Número de empresas concorrentes*
1	São Paulo	1.047.588	443.600.102	15
2	Rio de Janeiro	620.130	190.249.043	6
3	Brasília	270.188	149.906.319	2
4	Belo Horizonte	238.763	51.661.760	4
5	Curitiba	214.155	53.106.497	1

Observação: *Outras métricas de oferta poderiam ter sido utilizadas, como estoque existente ou número de novos lançamentos no segmento.

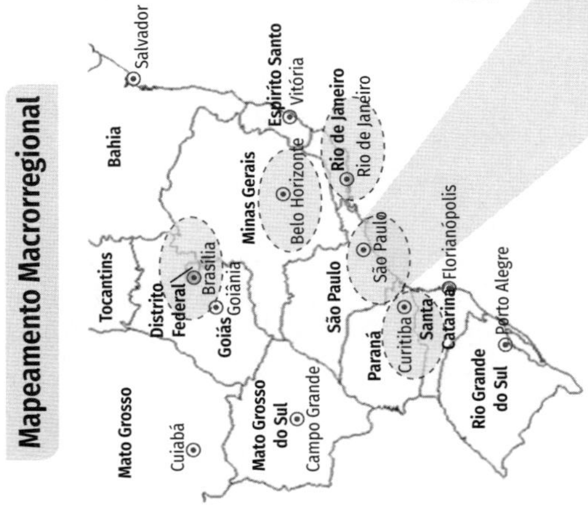

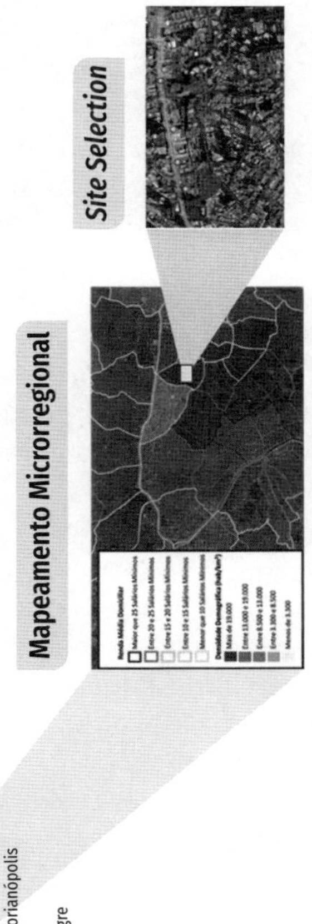

Mapeamento Microrregional

Site Selection

Figura 2.32 Esquema conceitual de hierarquia de seleção de geografias de investimento.
Fonte: os autores.

2.3 ESCOLHENDO A ESTRATÉGIA DE INVESTIMENTO

Uma vez definidas a tipologia imobiliária e a geografia de investimentos, o próximo passo na construção da tese é a escolha da estratégia de investimento ao longo do espectro de risco e retorno nas posições de proprietários (*equity*) ou credores (dívida).

Na perspectiva de investidores em *equity* imobiliário, descrita na Figura 2.33, a forma mais segura, porém, com menor potencial de valorização, é a conhecida como **core**. Por meio dessa estratégia, que é a mais comum no mercado, o investidor adquire propriedades com baixa ou nenhuma alavancagem financeira, caracterizadas por localização *premium*, baixa necessidade de gastos com manutenção e alugadas para inquilinos de baixo risco de crédito. Essa estratégia proporciona maior liquidez e distribuição de rendimentos, porém menor potencial de apreciação imobiliária relativo a outras estratégias. Em geral, os retornos reais se situam no intervalo de 6 a 9% a.a.

Uma variação da estratégia *core* é a **core-plus**, que envolve investimentos com um pouco mais de alavancagem em ativos que possuam algum potencial de melhoria na geração de caixa operacional, mirando retornos reais de 9 a 12% a.a.

Escalando-se a curva de risco, temos a estratégia de valor agregado, ou **value add**, que, após a estratégia *core*, é a mais utilizada e busca a criação de valor com melhorias operacionais, relocações, desenvolvimento imobiliário sob medida ou reformas. Nesse caso, o valor é criado quando o valor de mercado é superior ao custo original mais investimento na atualização ou no desenvolvimento do imóvel, com retornos esperados reais entre 12 e 16% a.a.

A quarta estratégia, menos comum e mais arrojada, é chamada de **oportunística** e mira taxas internas de retorno reais superiores a 20% a.a. por meio de técnicas de investimentos em *private equity*, como a gestão de alavancagem, a construção de *goodwill* a partir de plataformas imobiliárias escaláveis, a gestão de ativos estressados e a arbitragem de preços entre os mercados público e privado. Ao contrário das estratégias *core*, que derivam seus retornos da renda de locação, a estratégia oportunística mira retornos derivados principalmente de crescimento e ganho de capital.

CONSTRUÇÃO DE TESES DE INVESTIMENTO IMOBILIÁRIO 53

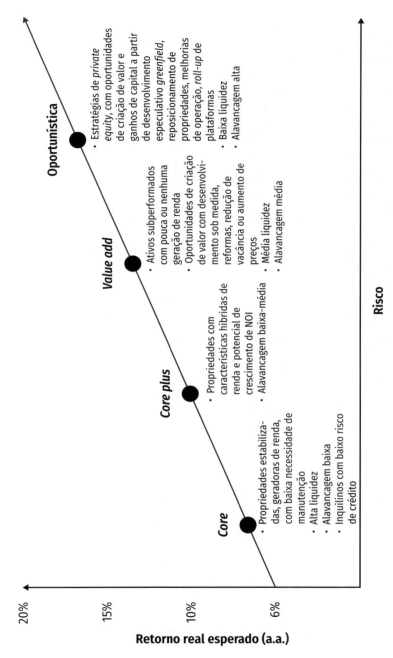

Figura 2.33 Estratégias de investimento em *equity* imobiliário.

Fonte: os autores.

Assim como no caso de investimentos em *equity* imobiliário, as estratégias em dívida com lastro imobiliário também se estendem ao longo do espectro de risco e retorno (**capital stack** – Figura 2.34). A forma mais segura é a de **dívida sênior**, pela qual o fluxo de repagamentos é garantido pela cessão de recebíveis dos contratos de locação ou de compra e venda, ou pela hipoteca ou alienação fiduciária do imóvel. Em geral, essas dívidas proporcionam retornos para os credores da ordem de 300 a 600 bps acima dos rendimentos anuais dos títulos do tesouro nacional, a depender do perfil de crédito do pagador e da qualidade das garantias.

Posicionada um degrau acima na escala de risco e retorno, a estratégia de **dívida subordinada** busca retornos mais altos em função da posição mais júnior na hierarquia de recebimentos e limitação ou ausência de garantias reais.

Por fim, **estratégias híbridas** apresentam elementos combinados de dívida e *equity*, permitindo simultaneamente a proteção em cenários negativos e captura de *upside* nos cenários positivos, com retornos em patamares intermediários entre dívida e *equity*.

Maior detalhamento das características dos diversos tipos de financiamentos existentes no Brasil é tratado na seção 5.1.

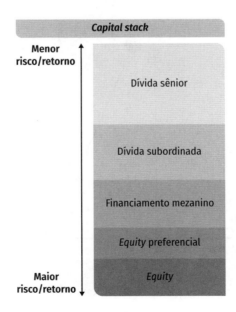

Figura 2.34 *Capital stack.*

Fonte: Imeri Capital.

2.4 ANALISANDO O CICLO IMOBILIÁRIO E DEFININDO O *TIMING* IDEAL PARA INVESTIR

Após as escolhas do grau de diversificação entre classes de ativos financeiros, das subclasses de ativos imobiliários, da geografia e da estratégia de investimento, os investidores profissionais buscam determinar o momento certo para o investimento.

A busca por esse *timing* ideal de investimento passa pelo entendimento do ciclo imobiliário, descrito na Figura 2.35.

Os ciclos imobiliários levam de 10 a 20 anos, de pico a pico, no segmento de imóveis comerciais e são causados pela falta de sincronia entre os níveis de oferta e demanda ao longo do tempo, a partir da combinação da incerteza de previsão de demanda futura, da inelasticidade de preços pedidos por parte dos proprietários, das alterações no custo de capital e do efeito retardado (**lag effect**) de construção de novos estoques.

A Figura 2.36 utiliza o diagrama de quatro quadrantes para ilustrar como alterações em uma determinada variável produz reflexos nas demais, criando uma dinâmica cíclica que tende a se reequilibrar ao longo do tempo.

No gráfico da esquerda, o aumento da demanda por uso de imóveis, indicado pela nova reta D1 no quadrante nordeste, eleva os preços de locação de R* para R1 no curto prazo, em função da elasticidade da oferta nesse horizonte. Todavia, no longo prazo, a oferta se ajusta com a entrega de novos estoques e os preços tendem a se reequilibrar em um patamar inferior de R**, em um movimento cíclico.

No gráfico da direita, a mesma dinâmica cíclica é observada no mercado de propriedades quando a demanda de investidores por ativos aumenta. Nesse caso, as taxas de retorno caem de D0 para D1 aumentando os preços dos ativos de P* para P1 no curto prazo. No longo prazo, todavia, a oferta se ajusta com a entrega de novos estoques, causando uma redução dos preços dos ativos de P1 para P**.

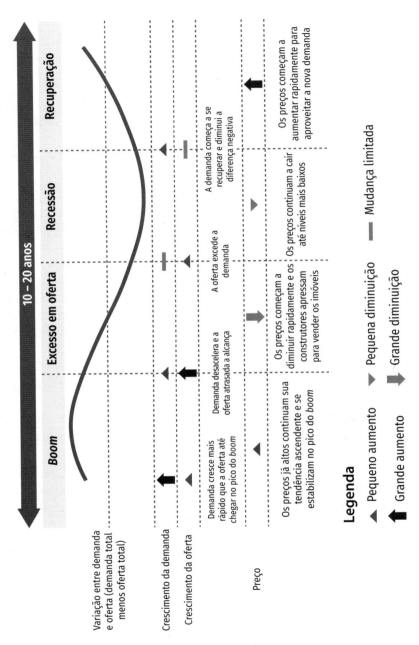

Figura 2.35 Fases-chave do ciclo imobiliário.

Fonte: adaptada de *Sistema de Certificação da Qualidade de Edifícios de Escritórios no Brasil*, de Ana Beatriz Poli Veronezi.

CONSTRUÇÃO DE TESES DE INVESTIMENTO IMOBILIÁRIO 57

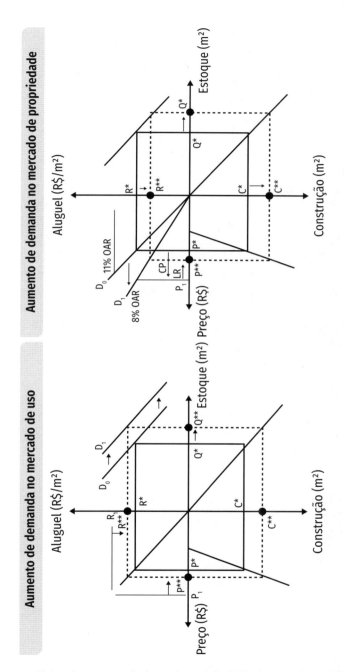

Figura 2.36 Efeitos de aumento da demanda nos mercados de uso e de propriedade.
Fonte: *Commercial real estate analysis and investments*, de GELTNER, D. et al. (2007).

Como a magnitude de cada componente varia por região e segmento, os ciclos também são distintos em termos de momento no tempo, intensidade e duração, sendo que, ao longo do espectro, por exemplo, o setor logístico é menos volátil e o de escritórios mais volátil. Dessa forma, a importância do entendimento dos ciclos aumenta à medida que se move o foco da análise do nível macro para o micro em termos de segmentos e geografias.

Esse domínio da dinâmica dos ciclos e, principalmente, a capacidade de antecipá-los, são competências fundamentais para os investidores imobiliários profissionais, que devem demonstrar disciplina na tomada de decisão de investimento, muitas vezes na direção contrária ao que sugere o contexto do momento. Em contraste, investidores inexperientes tendem a desconsiderar a existência dos ciclos e a investir com impulso emocional, amplificando sua exposição ao risco em contextos otimistas de mercado e deixando de aproveitar oportunidades em momentos de recessão.

Ao passo que a **estratégia ativa de *market timing*** exige destreza do investidor, a **estratégia passiva de diversificação de riscos** permite aos investidores navegarem pelos ciclos com menor volatilidade, por meio da construção de portfólios imobiliários com alocações em ativos de múltiplas geografias, segmentos e safras (***vintages***).

CAPÍTULO 3

ANÁLISE DE OPORTUNIDADES DE INVESTIMENTO ESPECÍFICAS

Nas seções anteriores, foram apresentados os racionais para a definição de teses de investimento, de acordo com parâmetros de tipologia, geografia, estratégia e *timing*. Na sequência do ciclo de investimentos, o próximo passo envolve a busca por oportunidades de investimento específicas que se encaixem na tese de investimento definida e que sejam atrativas.

O grau de atratividade de uma oportunidade de investimento, por sua vez, é definido pela magnitude da diferença entre o **valor do ativo (VA) para o investidor** e o seu **preço de mercado (PM)**.

Esses conceitos possuem diferenças muitas vezes imperceptíveis para investidores amadores. Enquanto o preço é uma variável objetiva, o valor é um conceito econômico mais abstrato e, ainda que em teoria possa ser estimado a partir da relação entre o retorno financeiro esperado e os riscos associados, também está relacionado à percepção de raridade e utilidade de um ativo, sendo influenciado por aspectos culturais, sociais e, até mesmo, pessoais.

Entendidos os conceitos, a tarefa de determinação do VA e do PM no mercado imobiliário privado é mais desafiadora do que nos mercados de ações, renda fixa ou *commodities*, haja vista se tratar de um mercado menos eficiente, com características de unicidade dos ativos, limitação de amostragem e *delay* na divulgação de informações de transações comparáveis.

Superados esses desafios e estimados os valores, o investidor deve comprar, construir ou manter o ativo imobiliário quando VA > PM. Por outro lado, quando PM > VA, o investidor deve vender, ou não comprar, o ativo.

Nas próximas seções são detalhadas as metodologias de avaliação de atratividade para tomada de decisão de investimento no ativo imobiliário, o qual pode se tratar de um imóvel, um projeto de desenvolvimento ou uma empresa operacional com base imobiliária.

3.1 INVESTIMENTOS EM IMÓVEIS

A apuração do valor de um imóvel é normatizada pela ABNT por meio da NBR 14653-1 – Avaliação de Bens, que detalha as quatro principais metodologias:

1. **Método comparativo direto de dados de mercado**: avaliação por meio da análise do comportamento do mercado imobiliário e de ativos de características similares.
2. **Método evolutivo**: avaliação por meio do cálculo direto ou indireto dos custos de reposição, considerando terreno, benfeitorias e outros.
3. **Método de capitalização de renda**: avaliação pelo valor presente de uma projeção de fluxo de caixa do imóvel.
4. **Método involutivo**: avaliação por meio de estudo de viabilidade econômica do aproveitamento mais eficiente do imóvel de acordo com suas características técnicas e condições mercadológicas.

3.1.1 Método comparativo

Em função de sua simplicidade, o método comparativo é o mais utilizado para a avaliação de imóveis e envolve a apuração do valor a partir de comparação direta com outros imóveis similares ofertados ou transacionados no mercado à época da avaliação, conforme ilustrado conceitualmente na Figura 3.1.

O método comparativo é divido em quatro etapas:

1. Entendimento da situação atual do mercado e do imóvel.
2. Pesquisa de mercado.
3. Tratamento dos dados.
4. Cálculo do preço de mercado do imóvel avaliado.

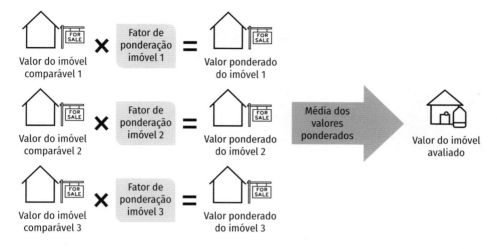

Figura 3.1 *Framework* conceitual do método comparativo.

Fonte: Imeri Capital.

A **primeira etapa** envolve o entendimento da situação do imóvel à luz dos seguintes fatores e questionamentos:

- Infraestrutura da região e do imóvel:
    - Como é o terreno e o entorno?
    - Como a unidade se relaciona com o tecido urbano (ou área rural)?
    - Qual a situação do edifício em termos de regularidade?
    - Qual a legislação ambiental aplicável?
    - Quais são as condições de acesso?
    - Qual a infraestrutura disponível?
    - Qual a classe, a tipologia e o padrão construtivo do imóvel avaliado?
    - Quais são os principais diferenciais do imóvel sob análise?
    - Qual a área construída?
    - Qual o nível de depreciação do imóvel?
- Mercado da região:
    - Há demanda no mercado de imóveis da região?
    - Há imóveis semelhantes ao avaliado na região?

A partir dessa análise de representatividade da amostra de imóveis similares, confirma-se, ou não, a aplicabilidade do método comparativo. Além disso, define-se a unidade de comparação mais apropriada para avaliar o imóvel em questão. O Quadro 3.1 indica as unidades de comparação mais usuais em função da classe de ativo.

Quadro 3.1 Principais classes de ativos imobiliários e unidades de comparação

Classe	Unidades de comparação mais utilizadas
Industrial	Área bruta locável – ABL (m²)
Escritórios	Salas comerciais: área privativa (m²) Lajes corporativas: ABL (m²) ou área BOMA (m²)
Hotéis	Número de quartos (ou unidades habitacionais, u.h.) Área privativa (m²)
Residencial	Área privativa (m²)
Varejo	ABL (m²)
Self storage	ABL (m²)
Terrenos	Área do terreno (m²) Área líquida de vendas (m²), no caso de loteamentos

Fonte: Imeri Capital.

A **segunda etapa**, de pesquisa de mercado, inicia-se com a composição de uma amostra representativa de transações e ofertas recentes de imóveis similares em relação às condições físicas, regulatórias e econômicas.

Na sequência, os dados amostrais são tratados em duas etapas:

1. **Saneamento**: eliminação de eventos amostrais discrepantes de forma a minimizar seus efeitos sobre os resultados da análise.

2. **Homogeneização**: tratamento dos dados obtidos de acordo com as características de cada imóvel coletado, ajustando os preços a partir de diversos fatores:

   - **Fator oferta (F_{oferta})**: objetiva dirimir a eventual elasticidade existente nos valores pedidos dos imóveis utilizados como elementos comparativos. Observe o Quadro 3.2.

Quadro 3.2 Critério de atribuição do fator oferta

Fator oferta	Critério de atribuição
1,00	Imóvel transacionado
0,99 – 0,95	Elasticidade de negociação baixa (mercados maduros com maior demanda que oferta)
0,90 – 0,94	Elasticidade de negociação normal
0,80 – 0,89	Elasticidade de negociação alta (mercados em que a oferta é maior que a demanda)
≤ 0,79	Elasticidade de negociação muito alta (mercados em claro desequilíbrio)

Fonte: Adaptado do IBAPE.

- **Fator área ($F_{área}$)**: considera o efeito da tendência do mercado de reduzir o valor unitário por unidade de área à medida que a área negociada aumenta. Para sua aplicação, utiliza-se a seguinte fórmula:

$$F_{área} = \left(\frac{Ap}{AA}\right)^n$$

em que:

n = 1/4, para diferenças de áreas até 30%;

n = 1/8, para diferenças de áreas superiores a 30%;

Ap: área do imóvel pesquisado (elemento comparativo);

Aa: área do imóvel avaliado.

- **Fator localização (F_{Loc})**: homogeneíza amostras de localidades diferentes, com valores entre 0,85 e 1,15. Para imóveis semelhantes situados em regiões diferentes, o avaliador obtém o fator a partir da seguinte fórmula:

$$F_{Loc} = \frac{\text{Preço por m}^2 \text{ raticado na região do imóvel avaliado}}{\text{Preço por m}^2 \text{ praticado na região do elemento comparativo}}$$

- **Fator padrão de acabamento (F_{acab})**: elimina as diferenças relativas aos detalhes de acabamento entre diferentes imóveis. O F_{acab} pode ser calculado a partir da seguinte fórmula:

$$F_{acab} = 1 - W \times \frac{(Ca \times FC_a) - (CA \times FC_A)}{(Ca \times FC_A)}, \text{ em que (Quadro 3.3):}$$

Quadro 3.3 Variáveis para cálculo do fator padrão de acabamento

Fator	Descrição
FC	Fator padrão para os imóveis avaliados (FC_A) e pesquisados (FC_a), obtido por meio da tabela fornecida pela IBAPE (conforme Anexo 1)
CA	Custo unitário de construção do imóvel avaliado, obtido por meio da cartilha CUB publicada pelo SINDUSCON regional
Ca	Custo unitário de construção do imóvel pesquisado, obtido por meio da cartilha CUB publicada pelo SINDUSCON regional
W	Peso do custo da construção na composição do valor unitário final

Fonte: Adaptado do IBAPE.

- **Fator acesso (F_{acesso})**: elimina as diferenças relativas ao acesso físico ao imóvel. O coeficiente de acesso pode ser calculado a partir do Quadro 3.4:

Quadro 3.4 Coeficientes do fator acesso

Fator	Descrição
0,95 – 1,00	**Muito bom** – Acessos pavimentados sem dificuldade de circulação e mobilidade de pessoas e veículos.
0,90 – 0,94	**Bom** – Acessos pavimentados com algum tipo de dificuldade em mobilidade de pessoas ou veículos.
0,85 – 0,89	**Regular** – Acesso pavimentado (geralmente de baixa qualidade) com dificuldade tanto em mobilidade e circulação de veículos, quanto de pessoas.
0,80 – 0,84	**Ruim** – Acesso não pavimentado (ou pavimento em parte) com dificuldades claras de locomoção e mobilidade.
≤ 0,79	**Muito ruim** – Acesso não pavimentado com intensa dificuldade de locomoção e mobilidade urbana, influenciadas ou não por épocas chuvosas.

Fonte: Adaptado do IBAPE.

O F_{acesso} pode ser calculado pela razão entre os coeficientes de acesso do imóvel avaliado e do elemento comparativo, conforme a seguinte fórmula:

$$F_{acesso} = \frac{\text{Coeficiente de acesso do imóvel avaliado}}{\text{Coeficiente de acesso do elemento comparativo}}$$

- **Fator depreciação (F_{depr})**: efetua a correção das diferenças de idade aparente e estado de conservação entre o imóvel avaliado e os elementos comparativos. O F_{depr} pode ser calculado conforme a seguinte fórmula:

$$F_{depr} = \frac{\text{Depreciação física do imóvel do avaliado}}{\text{Depreciação física do elemento comparativo}}$$

As depreciações físicas dos imóveis podem ser obtidas por meio da tabela de Ross-Heidecke, que se encontra no Anexo 2 e é função de:
- Estado de conservação do imóvel, segundo os critérios de Heidecke.
- Razão entre a idade referencial do imóvel (IR) e sua vida útil.

- **Fator topografia (F_{topo})**: normalmente aplicado para avaliações de terrenos, tem como objetivo ajustar a influência da topografia do lote do imóvel, haja vista que regiões mais planas tendem a ser mais valorizadas. O F_{topo} pode ser calculado segundo a fórmula:

$$F_{topo} = \frac{\text{Nota da topografia para o elemento comparativo}}{\text{Nota da topografia para o imóvel avaliado}}$$

Quadro 3.5 Notas atribuídas para cada topografia

Declividade do terreno	Nota atribuída
Terreno plano	1,00
Declive de até 5%	1,05
Declive de 5 a 10%	1,11
Declive de 10 a 20%	1,25
Declive de 20 a 30%	1,43
Aclive de até 10%	1,05
Aclive de 10 a 20%	1,11

(continua)

(continuação)

Declividade do terreno	Nota atribuída
Aclive acima de 20%	1,18
Abaixo do nível da rua (de 1,00 a 2,50 m)	1,11
Abaixo do nível da rua (de 2,50 a 4,00 m)	1,25
Acima do nível da rua (até 2,0 m)	1,00
Acima do nível da rua (de 2,0 a 4,0 m)	1,11

Fonte: IBAPE, SP.

O cálculo do fator final (F_{final}) de homogeneização e do valor homogeneizado para cada imóvel pesquisado é realizado conforme a seguir:

$$F_{final} = F_{oferta} \times F_{área} \times F_{loc} \times F_{acab} \times F_{acesso} \times F_{depr} \times F_{topo}$$

Valor homogeneizado do imóvel = F_{final} × Valor do imóvel pesquisado

Por fim, o valor de mercado do imóvel avaliado pode ser calculado conforme a seguir:

$$\text{Preço homg. final} = \frac{\text{Preço homg. imóvel 1} + \text{Preço homg. imóvel 2} + \ldots + \text{Preço homg. imóvel n}}{n}$$

e

Valor de mercado do imóvel avaliado = Preço homg. final × Unidade comparativa padrão

em que:

n = número de imóveis que compõem a base de dados.

Com o objetivo de exemplificar a aplicação do método, foi realizada a avaliação imobiliária de um galpão logístico hipotético, localizado na Av. Hipotética, nº 231, em Curitiba, Paraná.

A **primeira etapa** da avaliação envolveu o **entendimento da situação** do imóvel e de mercado, com os seguintes resultados:

ANÁLISE DE OPORTUNIDADES DE INVESTIMENTO ESPECÍFICAS 67

- Mercado da região:
  - Zoneamento industrial.
  - Polo logístico com diversos imóveis similares, com baixas taxas de vacância.
- Infraestrutura da região e do imóvel:
  - A área do terreno é de 10.000 m².
  - O galpão possui 9.420 m² de área construída e 8.000 m² de ABL.
  - O imóvel encontra-se em condições regulares.
  - O imóvel é utilizado por empresas de varejo como centro de distribuição para entregas de última milha.
  - O galpão possui pé-direito de 10 m de altura, piso industrial reforçado, além de apresentar bom estado de conservação.
  - As condições de acesso são boas e facilitam o escoamento de mercadorias.

Em função das características informadas, optou-se pela aplicação do método comparativo de avaliação e adotou-se como unidade de parâmetro a ABL do imóvel em m².

A **segunda etapa** envolveu uma **pesquisa de mercado** para análise de informações qualitativas e quantitativas de imóveis semelhantes na região, cujos resultados estão compilados no Quadro 3.6.

Quadro 3.6 Resultados da pesquisa de mercado

#	Endereço	ABL (m²)	Valor ofertado (R$)	R$/m² ABL	Resumo das observações
1	Av. Hipotética, nº 245, Curitiba (PR)	5.000	9.060.000	1.812	Imóvel novo com bom padrão de acabamento.
2	Av. das Graças, nº 516, Curitiba (PR)	20.154	10.260.000	509	Imóvel antigo, depreciado e com condições de acesso limitadas.
3	Av. Hipotética, nº 6.215, Curitiba (PR)	1.520	3.420.000	2.250	Imóvel com padrão de acabamento de primeira linha e instalações novas.
4	Av. Hipotética, nº 158, Curitiba (PR)	8.000	11.400.000	1.425	Imóvel com condições bem similares ao imóvel avaliado.
5	Av. Hipotética, nº 984, Curitiba (PR)	2.930	2.150.000	734	Imóvel com condições de acesso limitadas e demais características similares ao imóvel avaliado.

Fonte: Imeri Capital.

Na **terceira etapa**, foi realizado o **tratamento dos dados** da pesquisa de mercado.

O saneamento da amostra não foi necessário, pois a dispersão de preços (R$/m² ABL) foi considerada aceitável.

A homogeneização da amostra foi realizada, conforme detalhamento no Quadro 3.7, e resultou em um preço médio R$ 1.619,00/m² de ABL.

Quadro 3.7 Resultado da homogeneização

#	Preços ofertados (R$/m²)	Fator oferta	Fator área	Fator localização	Fator padrão	Fator acesso	Fator depreciação	Fator final	Preço homogeneizado (R$/m²)
1	1.812	0,97	0,94	0,90	1,29	1,12	1,12	**1,34**	2.426
2	509	0,85	1,12	0,95	1,61	1,06	1,12	**1,73**	880
3	2.250	0,85	0,81	0,95	1,02	1,19	1,00	**0,79**	1.778
4	1.425	0,85	1,00	1,00	1,02	1,12	1,00	**0,96**	1.375
5	734	0,85	0,88	1,00	1,29	1,19	1,94	**2,22**	1.631
								Média	1.619

Nota: o somatório pode aparentemente não bater em razão de arredondamentos.

Fonte: Imeri Capital.

Por fim, na **quarta e última etapa**, foi estimado o valor de mercado do imóvel a partir da multiplicação do preço médio encontrado pela sua ABL, conforme cálculos a seguir:

Valor de mercado (R$) = Preço homogeneizado médio de mercado (R$/ABL) × ABL (m²)

Valor de mercado do imóvel = R$ 1.619,00/m² × 8.000 m² = R$ 13 milhões

3.1.2 Método evolutivo

O método evolutivo, geralmente utilizado quando não é possível utilizar o método comparativo, envolve o cálculo do valor de um imóvel a partir do seu custo de reposição, de acordo com a fórmula:

Valor do imóvel = (Custo do terreno + Custo das benfeitorias) × Fator de comercialização

em que:

custo do terreno = valor para aquisição de um terreno similar ao que o imóvel avaliado está implantado;

custo das benfeitorias = custo para construção das benfeitorias do imóvel avaliado;

fator de comercialização = variável de ajuste pela diferença entre o valor de mercado de um imóvel e o seu custo de reconstrução.

A estimativa do custo do terreno envolve determinar o valor necessário para aquisição de um terreno de condições similares ao do imóvel avaliado, incluindo o custo de oportunidade de capital do investidor pelo carregamento do terreno desde sua compra até a conclusão do empreendimento:

$$\text{Custo do terreno} = \text{Preço de mercado do terreno} + \text{Custo de capital sobre o terreno}$$

Para avaliação do PM do terreno, a metodologia mais utilizada pelos investidores é a do método comparativo. Como já explicado na seção 3.1.1, o primeiro passo é o **entendimento da situação** do imóvel avaliado a partir da análise de questões como:

- Como é o terreno e o entorno?
- Qual a legislação ambiental aplicável?
- Quais são as condições de acesso?
- Qual a infraestrutura disponível?
- Qual a área do terreno?
- Há terrenos semelhantes na região?
- Como é a topografia do terreno?

Após entendimento da situação, é realizada a **pesquisa de mercado** para a composição da amostra comparativa, a qual será objeto de **tratamento dos dados**, com saneamento e homogeneização. Em seguida, o avaliador calcula o preço homogeneizado de mercado do terreno pelas fórmulas:

$$\text{Preço homg. final} = \frac{\text{Preço homg. terreno 1} + \text{Preço homg. terreno 2} + \ldots + \text{Preço homg. terreno n}}{n}$$

e

$$\text{Valor de mercado do terreno} = \text{Preço homg. final} \times \text{Área do terreno}$$

em que:

n = número de elementos que compõem a base de dados.

Como um projeto imobiliário demanda tempo para ser concluído, há que se adicionar ao valor do imóvel o custo de oportunidade do capital do investidor durante o período entre a aquisição do terreno e a conclusão do empreendimento, conforme fórmula a seguir:

$$\text{Custo do terreno} = \text{Valor de mercado do terreno} \times ((1 + K_A)^{Te} - 1)$$

em que:
Valor de mercado do terreno = valor do terreno que foi avaliado;
K_A = custo do capital do empreendimento.
T_e = período para realização do empreendimento, compreendido entre o(s) desembolso(s) de caixa com a compra do terreno e a conclusão das obras do imóvel.

O custo de oportunidade do capital próprio do investidor é função do nível de risco do empreendimento. Uma maneira de estimar esse custo é a partir da fórmula da teoria de precificação de ativos (CAPM), que calcula o custo médio do capital (K_A) ponderado pelas suas proporções de capital próprio e de terceiros.

$$K_A = \frac{E}{(E+D)} \times K_e + \frac{D}{(E+D)} \times K_d \times (1-T)$$

Em que:
E = *equity value* estimado do empreendimento;
D = valor do capital de terceiros do empreendimento;
K_e = custo de capital próprio;
K_d = custo de capital de terceiros;
T = alíquota de tributos sobre o resultado.

$$K_e = [1 + (R_f + \beta \times \text{Equity risk premium} + S_{RP} + \text{Risco país})] \times \text{Diferencial de inflação} - 1$$

Em que:
R_f = taxa de juros livre de risco. Usualmente, utiliza-se a taxa de juros de títulos de médio prazo do tesouro de países de *rating* AAA.
β = risco sistêmico do tipo de ativo, que representa a sensibilidade do setor em relação às flutuações do mercado. Utiliza-se como referência (*proxy*) os betas alavancados de incorporadoras.

Equity risk premium = diferença entre o retorno esperado pelos investidores e a taxa livre de risco. Historicamente, tem variado entre 5 e 8% a.a.

S_{RP} = prêmio de risco pelo porte. Como tanto o beta quanto o *equity risk premium* são estimados a partir de amostras de grandes empresas, e como pequenas empresas são consideradas mais arriscadas, é comum investidores demandarem um prêmio adicional pelo tamanho do ativo, podendo chegar a 4% a.a.

Risco país = representa o diferencial de retorno demandado por investidores para se investir em um país cujo *rating* soberano de crédito é inferior a AAA, e geralmente é calculado pela diferença de rendimentos (*yields*) entre títulos soberanos dos países comparados ou pelo preço de um instrumento derivativo conhecido por *credit default swap* (CDS).

Diferencial de inflação = fator que representa a diferença entre as expectativas de inflação do país em questão e a do país utilizado como referência. É um *proxy* para a expectativa de variação cambial, sendo utilizado para traduzir o custo de capital para a moeda de referência desejada.

Após a avaliação do terreno, o avaliador deve estimar os custos de reposição das benfeitorias em condições semelhantes às do imóvel avaliado, incorporando também o custo de oportunidade de capital do investidor durante o período de construção do empreendimento, conforme fórmula a seguir:

Custo das benfeitorias = Custo de reposição de reposição das benfeitorias +
+ Custo de capital da construção

Os custos de reposição das benfeitorias são estimados a partir da multiplicação do custo de construção unitário (por m²) pela área construída do imóvel, conforme fórmula a seguir:

Custo de reposição das benfeitorias = Custo de construção por m² ×
× Área construída do imóvel

Pela norma ABNT NBR 14653, o custo de construção por m² pode ser calculado pela seguinte fórmula:

$$\text{Custo de construção por m}^2 = \left[CUB + A_{eq} \times \left(\frac{C1 + C2 + C3}{A_{construída}} \right) \right] \times$$
$$\times (1 + BDI) \times (1 - \text{Depreciação do imóvel})$$

em que:

CUB = custo unitário básico de construção na região;

C1, C2 e C3 = custos com elevadores, instalações e fundações e terraplenagem, respectivamente, conforme tabela em Anexo 3

A_{eq} = área equivalente de construção, conforme coeficiente da NBR 12721 da ABNT (Tabela 3 do Anexo);

BDI = benefícios e despesas indiretas da construtora, que giram em torno de 15 a 25%;

Depreciação do imóvel = variável estimada pelo método Ross-Heidecke (Tabela 2 do Anexo), que ajusta o valor do imóvel para refletir o seu estado de conservação;

$A_{construída}$ = área construída.

Da mesma maneira aplicada à avaliação do terreno, para finalizar-se o cálculo do custo de reposição das benfeitorias, há que se embutir o custo de oportunidade de capital do empreendimento incorrido durante a fase de edificação, de acordo com a fórmula a seguir.

$$\text{Custo da construção} = \text{Custo de reposição das benfeitorias} \times ((1 + K_A)^{To/2} - 1)$$

Em que:

K_A = custo de capital do empreendimento, calculado conforme diretrizes apresentadas na seção 3.1.2;

T_o = período compreendido entre o início e o término da construção. Para fins de simplificação, essa fórmula assume que os gastos de obra são incorridos de maneira linear ao longo do tempo.

Após estimar o custo do terreno e das benfeitorias, o avaliador deve aplicar um Fator de Comercialização (FC), que estabelece a relação entre o valor de mercado de um imóvel e o seu custo de reposição, sendo que:

- FC > 1 reflete o cenário em que o valor de mercado do imóvel é superior ao custo de reposição.

- FC < 1 reflete o cenário em que o valor de mercado do imóvel é inferior ao custo de reposição.

Investidores profissionais utilizam o custo de reposição como referência de preço à luz do conceito de ciclo imobiliário, sendo que investimentos em propriedades com preços acima do custo de reposição tendem a ser menos atrativos no longo prazo do que o inverso.

Para exemplificação de aplicação do método evolutivo, foi realizada a avaliação imobiliária do mesmo galpão logístico hipotético utilizado no método comparativo.

A **primeira etapa** envolveu a avaliação do custo do terreno. Para isso, foi elaborada uma pesquisa de mercado de preços de terrenos semelhantes na região, cujos resultados estão ilustrados no Quadro 3.8.

Quadro 3.8 Resultados da pesquisa de mercado de preços de terrenos similares na região

#	Endereço	Área do terreno (m²)	Preço ofertado R$	R$/m²	Resumo das observações
1	Av. Hipotética, nº 364, Curitiba (PR)	90.000	19.575.000	218	Terreno de grandes dimensões e bem localizado.
2	Av. das Graças, nº 846, Curitiba (PR)	352	151.875	431	Terreno pequeno, porém de ótima localização.
3	Rua Justiça, nº 7.865, Curitiba (PR)	392	141.750	362	Terreno em declive localizado no interior de bairro.
4	Av. Liberdade, nº 549, Curitiba (PR)	1.896	506.250	267	Terreno plano localizado no interior de bairro.
5	Av. Santana, nº 689, Curitiba (PR)	2.930	1.282.500	438	Terreno com uma pequena construção antiga, já bem depredada.

Fonte: Os autores.

Em seguida, os dados foram homogeneizados, conforme fatores de oferta, área, localização, acesso e topografia. O Quadro 3.9 apresenta o resultado da homogeneização dos dados.

Quadro 3.9 Resultado do tratamento dos dados da pesquisa de mercado

#	Preços ofertados (R$/m²)	Fator oferta	Fator área	Fator localização	Fator acesso	Fator topografia	Fator final	Preços ofertados homogeneizados (R$/m²)
1	218	0,85	1,31	0,90	1,06	1,00	**1,06**	230
2	431	0,85	0,66	0,95	1,06	1,00	**0,56**	241
3	362	0,85	0,67	0,95	1,23	1,25	**0,83**	298
4	267	0,85	0,81	1,00	1,19	1,00	**0,82**	218
5	438	0,85	0,86	1,00	1,12	1,00	**0,81**	355
							Média	269

Fonte: Imeri Capital.

Por fim, o valor de mercado do terreno foi calculado a partir da área total e do preço por metro quadrado obtido pela pesquisa de mercado.

Valor de mercado do terreno = preço homg. final × Área do imóvel

Valor de mercado do terreno = R$ 269,00/m² × 10.000 m²

Valor de mercado do terreno = R$ 2.690.000,00

Após determinação do valor de mercado do terreno, foi realizado o cálculo do K_A, conforme detalhado no item 3.1.2, assumindo zero alavancagem e um período de desenvolvimento imobiliário de 2 anos, dos quais 1 ano é de obra.

$K_A = [1 + (R_f + \beta \times Equity\ risk\ premium + S_{RP} + Risco\ país)] \times$
$\times Diferencial\ de\ inflação - 1$

$K_A = [1 + (0,65\% + 0,30 \times 6,0\% + 4,0\% + 3,8\%)] \times [1 + 2,4\%] - 1$

$K_A = 12,9\%$ a.a.

Em que:

R_f = taxa de juros de títulos do tesouro dos Estados Unidos de 10 anos, de acordo com o departamento do tesouro americano;

β = beta desalavancado de REITs (*real estate investment trust*) americanos que investem em imóveis com foco em armazenagem urbana, conforme *website* REIT Notes;

equity risk premium = prêmio de risco acionário do mercado norte-americano, obtido no *website* do professor Damodaran;

S_{RP} = prêmio de risco de porte utilizado para o imóvel em questão, tendo em vista valor de mercado do imóvel, conforme escala proposta pela empresa Duff & Phelps;

risco país = risco Brasil estimado conforme *emerging market bond* index calculado pelo JPMorgan;

diferencial de inflação = diferença entre a expectativa de inflação do Brasil e dos Estados Unidos, conforme dados do departamento do tesouro americano e do tesouro direto no Brasil.

Custo de capital do terreno = Valor de mercado do terreno × $((1 + K_A)^{Te} - 1)$

Custo de capital do terreno = R$ 2.690.000,00 × $((1 + 12,9\%)^2 - 1)$

Custo de capital do terreno = R$ 739.482,00

Por fim, o custo do terreno foi calculado a partir da soma de seu valor de mercado e seu custo de capital, conforme detalhado a seguir:

Custo do terreno = Valor de mercado do terreno + Custo de capital do terreno

Custo do terreno = R$ 2.690.000,00 + R$ 739.483,00 = R$ 3.429.483,00

A **segunda etapa** envolveu o cálculo do custo de reposição das benfeitorias do imóvel avaliado, com as seguintes premissas:

- Custo unitário básico de construção: utilizado como referência à cartilha CUB do Sinduscon regional.
- Coeficientes:
  - C1 = 0% do CUB: imóvel não apresenta elevadores.
  - C2 = 8% do CUB: instalações elétricas, hidrossanitárias e sistema de combate a incêndio, conforme Tabela 4 do Anexo.
  - C3 = 3% do CUB: fundação rasa e de execução simples, conforme Tabela 4 do Anexo.
- Área equivalente: determinada conforme a Tabela 3 do Anexo.

Quadro 3.10 Cálculo da área equivalente

Descrição das áreas	Área construída (m²)	Coeficiente	Área equivalente (m²)
Subsolo	1.200	0,83	1.000
Primeiro pavimento	5.125	1,00	5.125
Segundo pavimento	1.525	1,00	1.525
Terceiro pavimento	1.525	1,00	1.525
Casa de máquinas	45	0,67	30
Total	9.420	–	9.205

Fonte: Imeri Capital.

- BDI: 25%.
- Depreciação do imóvel: calculada pelo método de Ross-Heidecke.

A partir das premissas, foi calculado o custo unitário de construção do imóvel.

$$\text{Custo de construção por m}^2 = \left[CUB + A_{eq} \times \left(\frac{C1 + C2 + C3}{A_{construída}} \right) \right] \times$$

$$\times (1 + BDI) \times (1 - \text{Depreciação do imóvel})$$

$$\text{Custo de construção por m}^2 = \left[762 + 9.205 \times \left(\frac{0 + 61 + 23}{9.420} \right) \right] \times$$

$$\times (1 + 25\%) \times (1 - 17\%)$$

Custo de construção por m² = R$ 876,00/m²

Custo de reposição das benfeitorias = R$ 876,00/m² × 9.420 m²

Custo de reposição das benfeitorias = R$ 8.251.920,00

Em seguida, calculou-se o custo de oportunidade do capital do investidor.

Custo de capital da construção = R$ 8.251.920,00 × ((1 + 12,9%)$^{1/2}$ – 1)

Custo de capital da construção = R$ 516.555,00

A partir do custo de construção e do custo de capital, obteve-se o custo de reposição.

Custo das benfeitorias = custo de reposição das benfeitorias + custo de capital da construção

Custo das benfeitorias = R$ 8.251.920,00 + R$ 516.555,00

Custo das benfeitorias = R$ 8.768.475,00

Após o cálculo do custo das benfeitorias, foi adotado um fator de comercialização de 1,05 a partir da constatação de que o mercado de galpões logísticos na região se encontrava em um momento favorável do ciclo imobiliário, indicando a existência de um prêmio por imóveis já edificados em relação aos seus custos de reposição.

Dessa forma, o valor do imóvel foi assim calculado:

Valor do imóvel = (Custo do terreno + Custo das benfeitorias) × Fator de Comercialização

Valor do imóvel = (R$ 3.429.483,00 + R$ 8.768.475,00) × 1,05

Valor do imóvel = R$ 12,2 milhões

3.1.3 Método de capitalização de renda

O método de capitalização de renda envolve a avaliação do imóvel pelo cálculo do valor presente de seu fluxo de caixa descontado pelo custo de oportunidade de capital.

Uma variante simplificada desse método é conhecida como **capitalização de renda direta**, utilizada como referência rápida de atratividade. Por essa variante, estima-se o valor do imóvel a partir da divisão do resultado operacional (***net operating income* – NOI**) estabilizado (i.e., sem vacância e com preço de locação a mercado) do imóvel pela taxa de capitalização, ou *cap rate*, praticada no mercado para a classe de ativo em questão.

O *cap rate* praticado no mercado é geralmente segmentado por classe de ativo imobiliário e calculado a partir da razão entre o NOI e o valor do imóvel,[1] para um base amostral de ativos similares. A Figura 3.2 ilustra a evolução de *cap rates* no Brasil para determinadas classes de ativos.

---

[1] No Brasil, é comum a utilização do valor do aluguel bruto, ao invés do NOI, para o cálculo dos *cap rates*.

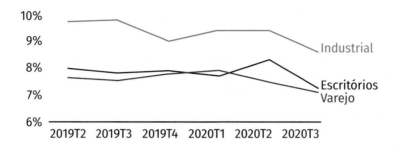

Figura 3.2 *Cap rates* por setor no Brasil.
Fonte: Cushman Wakefield.

O *cap rate* varia ao longo do tempo em função do custo de capital e da expectativa de crescimento do NOI da propriedade, ou seja:

$$cap\ rate = K_A - g$$

em que:

K_A = custo de oportunidade de capital;
g = expectativa de crescimento do NOI.

Esse método assume premissas simplificadoras que podem não ser aplicadas aos imóveis objeto de avaliação, por exemplo, o grau de maturidade dos preços de locação, a taxa de ocupação, o regime tributário do comprador, as necessidades de investimentos de manutenção, entre outras.

Em razão disso, para avaliações mais aprofundadas, a principal ferramenta utilizada por investidores imobiliários profissionais é a modelagem de projeções de fluxos de caixa da propriedade e do custo de capital para cálculo do valor presente do imóvel. A metodologia envolve as seguintes etapas:

1. Entendimento da situação atual do ativo (imóvel, empreendimento ou empresa) e mercado no qual está inserido.
2. Tratamento dos resultados históricos do ativo (se aplicável).
3. Elaboração das projeções de resultado e de fluxo de caixa.
4. Cálculo do valor do ativo.

A **primeira etapa** envolve o entendimento do ativo e do mercado a partir dos seguintes questionamentos:
- Localização do ativo:
    - Como é o terreno e o entorno?
    - Qual a situação atual e os requerimentos de licenciamento?
    - Quais são as condições de acesso?
    - Qual a infraestrutura disponível?
- Contexto socioeconômico/demanda:
    - Qual é o poder aquisitivo da população na região?
    - Há políticas de incentivo pelo governo?
    - Há atrativos de lazer ou negócios?
    - Qual a infraestrutura de serviços, mão de obra e fornecedores existentes?
    - Qual é o perfil de demanda por tal ativo na região?
- Concorrência:
    - Quais são os ativos concorrentes na região?
    - Como estão os principais indicadores de desempenho dos concorrentes?
    - Quais são os principais diferenciais do ativo?
- Potencial de geração de receita:
    - Quais são as principais fontes de receita do ativo?
    - Como a receita se comportou nos últimos anos?
    - Como é a correlação da receita com o cenário macroeconômico?
- Tributos, custos e despesas:
    - Qual a estrutura de custos e despesas atual?
    - Qual o regime tributário?
- Fluxo de caixa:
    - Qual é o histórico de investimentos no ativo?
    - Qual é o comportamento do capital de giro?

A **segunda etapa** consiste no tratamento dos demonstrativos financeiros e operacionais históricos e tem como objetivo balizar as projeções futuras. O Quadro 3.11 apresenta as principais variáveis a serem analisadas, por tipologia imobiliária.

Quadro 3.11 Principais variáveis a serem analisadas, por tipologia imobiliária

Tipo do empreendimento	Variáveis a serem analisadas
Residencial	**Entradas** ■ Área privativa por unidade (em m²) ■ Valor de venda ou de aluguel por m² ■ Velocidade de vendas ou de ocupação **Saídas** ■ Tributos ■ Despesas com corretagem e marketing ■ Despesas com condomínio e IPTU das unidades vagas (se aplicável) ■ Despesas com manutenções periódicas ■ Investimento em terreno, projetos e obras
Shopping centers	**Entradas** ■ ABL ■ Taxa de ocupação ■ Preço médio do aluguel por m² de ABL (valor mínimo e *overage*) ■ Número de carros por vaga/ano ■ Preço por hora do estacionamento ■ Luvas recebidas ■ *Merchandising* (propaganda) ■ Velocidade de vendas e de ocupação **Saídas** ■ Tributos ■ Despesas com condomínio e IPTU das lojas vagas ■ Fundo de promoção sobre lojas vagas ■ Taxa de administração e despesas com auditoria ■ Despesas com o estacionamento ■ Despesas com manutenções periódicas ■ Investimento em terreno, projetos e obras

(continua)

(continuação)

Tipo do empreendimento	Variáveis a serem analisadas
Hotéis	**Entradas** - Número de unidades (u.h.) - Diária média - Ocupação - Alimentos e bebidas (terceirizado *versus* próprio) - Eventos - Curva de ocupação **Saídas** - Tributos - Taxa de administração da operadora (se aplicável) - Despesas de pessoal - Despesas do prédio (água, energia etc.) - Despesas comerciais (canais digitais, marketing e propaganda) - Despesas com manutenções periódicas - Investimento em terreno, projetos e obras
Escritórios	**Entradas** - ABL - Valor de aluguel ou de venda por m² de ABL - Velocidade de vendas ou de ocupação **Saídas** - Tributos - Despesas com corretagem - Despesas com condomínio e IPTU das unidades vagas (se aplicável) - Despesas com manutenções periódicas - Investimento em terreno, projetos e obras
Industrial/ Logístico	**Entradas** - ABL - Valor de aluguel ou venda por m² de ABL - Velocidade de vendas ou de ocupação **Saídas** - Tributos - Despesas com corretagem - Despesas com condomínio e IPTU das unidades vagas (se aplicável) - Despesas com manutenções periódicas - Investimento em terreno, projetos e obras

A **terceira etapa** compreende a elaboração da projeção do fluxo de caixa livre gerado pelo ativo imobiliário, esquematizado na Figura 3.3.

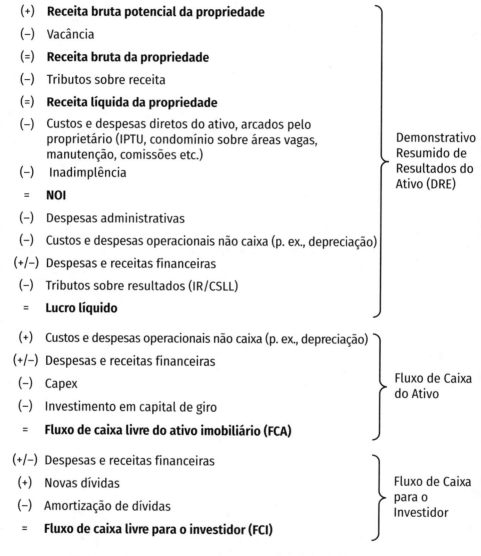

Figura 3.3 Estrutura esquemática de um demonstrativo de fluxo de caixa.
Fonte: os autores.

A **quarta, e última, etapa** consiste no cálculo do valor do ativo imobiliário a partir dos fluxos de caixa descontados a valor presente por uma taxa que reflita o K_A, conforme descrito na seção 3.1.2.

Como a projeção de fluxo de caixa é usualmente elaborada por um determinado número de anos, em geral de 5 a 10, é necessário estimar o valor do ativo imobiliário após o final do período de projeção, denominado valor residual ou valor na perpetuidade.

$$\text{Valor do ativo imobiliário na perpetuidade} = \frac{FCA_n \times (1 + g)}{(K_A - g)}$$

Em que:

K_A: custo de capital do ativo;

FCA: fluxo de caixa livre do ativo imobiliário;

n: último período de projeção;

g: crescimento do FCA na perpetuidade.

Finalmente, o valor do ativo imobiliário é obtido pela fórmula a seguir, que assume como premissa simplificadora que cada fluxo de caixa ocorre ao final do período.

$$\text{Valor do ativo imobiliário} = \frac{FCA_1}{(1 + K_A)^1} + \frac{FCA_1}{(1 + K_A)^1} + \ldots + \frac{\text{Valor na perpetuidade}}{(1 + K_A)^n}$$

Para exemplificar a aplicação do método, foi realizada a avaliação do mesmo galpão logístico hipotético. Para as projeções, foram utilizadas as seguintes premissas adicionais, apresentadas anteriormente:

- Inflação: 4,6% no 1º ano, 4% no 2º ano e 3% a.a. a partir do 3º ano.
- Receita:
  - Aluguel: R$ 15,09/m² de ABL, corrigido pelo IGP-M anualmente.
  - Vacância: 15%.
  - Inadimplência: 2%.
- Tributos:
  - Regime: lucro presumido.
  - PIS & COFINS: 3,65% sobre receita bruta.
  - Base presumida para o IRPJ e CSLL: 32% sobre receita bruta.
  - IRPJ: 15% + 10% sobre o que exceder R$ 240.000,00/ano.
  - CSLL: 9%.

- Custos e despesas diretos do ativo, arcados pelo proprietário: R$ 20.000,00/ano.
- Capex: R$ 20.000,00/ano.

Após determinação das premissas, foi projetado o fluxo de caixa livre gerado pelo empreendimento nos próximos 6 anos (Quadro 3.12).

Quadro 3.12 Fluxo de caixa projetado para o ativo imobiliário

R$ 000	Ano 1	Ano 2	Ano 3	Ano 4	Ano 5	Ano 6
Receita bruta potencial	1.449	1.506	1.552	1.598	1.646	1.695
(–) Vacância	(217)	(226)	(233)	(240)	(247)	(254)
Receita bruta	1.232	1.280	1.319	1.358	1.399	1.441
(–) Tributos sobre receita	(45)	(47)	(48)	(50)	(51)	(53)
Receita líquida	1.187	1.234	1.271	1.309	1.348	1.389
(–) Custos e despesas diretos	(20)	(21)	(21)	(22)	(23)	(23)
(–) Inadimplência	(25)	(26)	(26)	(27)	(28)	(29)
NOI	1.142	1.187	1.223	1.260	1.297	1.336
(–) Tributos sobre resultado	(79)	(81)	(83)	(85)	(87)	(89)
Lucro líquido	1.063	1.106	1.140	1.175	1.211	1.248
(–) Capex	(20)	(21)	(21)	(22)	(23)	(23)
Fluxo de caixa livre do ativo (FCA)	1.043	1.085	1.118	1.153	1.188	1.224

Em seguida ao cálculo do fluxo de caixa livre, determinou-se o K_A, o qual, no exemplo, é igual ao K_e, haja vista a inexistência de financiamentos:

$K_A = [1 + (R_f + \beta \times equity\ risk\ premium + S_{rp} + risco\ país)] \times diferencial\ de\ inflação - 1$

$K_A = [1 + (0,65\% + 0,3 \times 6,0\% + 4,0\% + 3,8\%)] \times [1 + 2,4\%] - 1$

$K_A = 12,9\%$ a.a.

O terceiro passo envolveu o cálculo do fluxo de caixa descontado do empreendimento e valor na perpetuidade, conforme apresentado no Quadro 3.13.

Quadro 3.13 Fluxo de caixa descontado do ativo imobiliário

R$ 000	Ano 1	Ano 2	Ano 3	Ano 4	Ano 5	Ano 6	Perpetuidade
FCA	1.043	1.085	1.118	1.153	1.188	1.224	14.660
Taxa de desconto	12,9%	$(12,9\%)^2$	$(12,9\%)^3$	$(12,9\%)^4$	$(12,9\%)^5$	$(12,9\%)^6$	$(12,9\%)^6$
Fluxo de caixa descontado	924	851	777	709	647	591	7.079

Valor do ativo imobiliário na perpetuidade = $\dfrac{FCA_n \times (1 + g)}{(K_A - g)}$

Valor do ativo imobiliário na perpetuidade = $\dfrac{1.224 \times (1 + 4,2\%)}{(12,9\% - 4,2\%)}$

Valor do ativo imobiliário na perpetuidade = R$ 14,7 mm

Valor do ativo imobiliário, a valor presente = R$ 7,1 mm

O quarto, e último, passo consistiu na obtenção do valor de mercado do imóvel a partir da soma dos fluxos de caixa descontados e valor na perpetuidade, também a valor presente. Dessa forma, obtém-se o valor de mercado de R$ 11,6 milhões para o galpão avaliado.

3.1.4 Método involutivo

O método involutivo, geralmente utilizado quando outras metodologias não são aplicáveis, envolve a avaliação do valor do imóvel a partir do princípio de que esse valor reflete o maior e melhor uso do ativo, ou, em outras palavras, o máximo que investidores pagariam em função do retorno que poderiam extrair do desenvolvimento e uso mais eficiente desse ativo (**Highest and Best Use – HBU**).

A avaliação envolve primeiramente o entendimento do ativo e das condições mercadológicas, conforme já apresentado nas seções anteriores. Em seguida, busca-se determinar que empreendimento imobiliário hipotético pode ser desenvolvido no imóvel de forma a maximizar o retorno para o investidor (HBU), a partir das seguintes perguntas:

- Que tipologias imobiliárias são permitidas com base na legislação urbana?
- Para cada tipologia, qual é a área máxima possível a ser edificada à luz das restrições técnicas e legais?
- Para a viabilização econômico-financeira do empreendimento sob a perspectiva do investidor e do seu custo de capital, qual o valor a ser atribuído ao imóvel atual?
- Entre as diversas tipologias simuladas, qual apresenta o maior valor atribuído ao imóvel?

O uso proposto que apresentar o maior valor presente líquido (VPL) é considerado o HBU por oferecer o aproveitamento econômico mais eficiente para imóvel. Esse VPL é então considerado o valor do imóvel na data da avaliação.

Para exemplificação de aplicação do método involutivo, foi realizada a avaliação de um edifício comercial da década de 1980, localizado na região central de uma capital brasileira, com as seguintes características:

- Região do imóvel:
    - A região passou por grande transformação nos últimos anos, deixando de ser uma região exclusiva de varejo e passando a abrigar diversos escritórios corporativos.
    - Não há restrições significativas de uso e ocupação do solo.
    - O relevo da região é plano e o solo suporta construções de grande porte.
    - A infraestrutura da região comporta empreendimentos comerciais e residenciais.
- Terreno:
    - Forma quadrada, topografia plana e área de 4.000 m².
    - Zoneamento permite uso residencial e comercial, e restrições quanto ao uso industrial.
- Benfeitorias:
    - Padrão construtivo antigo, destoante dos imóveis da vizinhança.
    - Área construída de 7.500 m² e ABL de 5.000 m².

A partir das considerações anteriores, foram simulados dois diferentes empreendimentos hipotéticos, para os quais foram elaboradas análises para determinação da viabilidade econômica:

- Empreendimento #1: reforma (**retrofit**) do edifício, mantendo seu uso para lojas varejistas.

ANÁLISE DE OPORTUNIDADES DE INVESTIMENTO ESPECÍFICAS   87

- Empreendimento #2: demolição das benfeitorias existentes e desenvolvimento de um edifício de escritórios corporativos.

Premissas do Empreendimento #1:

- Valor do aluguel esperado: R$ 30,00/m² a.m., corrigido por IGP-M (4% a.a.)
- Vacância para varejistas na região: 25%
- Inadimplência: 0%
- Despesas operacionais: R$ 100.000,00/ano (assume, para simplificação didática, que não há despesa não caixa)
- Custo de capital: 13% a.a. (nominal)
- Tributos: Regime: lucro presumido
  Tributos sobre receita: 3,65%
  Tributos sobre resultado: 7,0%
- Capex de manutenção: R$ 100.000,00/ano
- Capex para *retrofit*: R$ 6.000.000,00 ao longo de 12 meses, durante os quais não há recebimento de aluguel
- Crescimento nominal do FCA na perpetuidade: 3,82% a.a.

Projeções do Empreendimento #1: observe o Quadro 3.14.

Quadro 3.14 Projeções do Empreendimento #1

R$ 000	Ano 1	Ano 2	Ano 3	Ano 4	Ano 5
Receita bruta potencial da propriedade	0	1.872	1.947	2.025	2.106
(–) Vacância	0	(468)	(487)	(506)	(526)
Receita bruta da propriedade	0	1.404	1.460	1.519	1.579
(–) Tributos sobre receita	0	(51)	(53)	(55)	(58)
Receita líquida da propriedade	0	1.353	1.407	1.463	1.522
(–) Despesas arcadas pelo proprietário	(100)	(104)	(108)	(112)	(117)
(–) Inadimplência	0	0	0	0	0
NOI	**(100)**	**1.249**	**1.299**	**1.351**	**1.405**
(–) Tributos sobre o resultado	0	(87)	(91)	(95)	(98)
Lucro líquido	**(100)**	**1.161**	**1.208**	**1.256**	**1.306**
(–) Capex	(6.100)	(104)	(108)	(112)	(117)
FCA	**(6.200)**	**1.057**	**1.100**	**1.144**	**1.189**

R$ 000	Ano 1	Ano 2	Ano 3	Ano 4	Ano 5
FCA	(6.200)	1.057	1.100	1.144	1.189
Taxa de desconto nominal	13,0%	13,0%	13,0%	13,0%	13,0%
Fluxo de caixa descontado	(5.487)	828	762	701	646

Cálculo do valor na perpetuidade	
g (crescimento na perpetuidade)	3,82% a.a.
Taxa de desconto nominal	13,0% a.a.
Valor na perpetuidade descontado (R$ 000)	7.301

O valor dos fluxos de caixa, incluindo a perpetuidade, descontado a valor presente é de R$ 4,8 milhões. Em outras palavras, esse é o valor que o investidor poderia pagar pelo imóvel atual para obter uma taxa de retorno esperada de 13,0% a.a. com o investimento no Empreendimento #1.

Em seguida, foi realizada a análise do Empreendimento #2, a partir das seguintes premissas:

Premissas do Empreendimento #2:

- Valor do aluguel esperado: R$ 50,00/m² a.m., corrigido pelo IGP-M (4%)
- ABL: 5.000 m²
- Vacância: 5%
- Inadimplência: Mesma premissa do Empreendimento #1
- Despesas operacionais: R$ 75.000,00/ano (assume, para simplificação didática, que não há despesa não caixa)
- Custo de capital: 14,5% a.a. (nominal)
- Tributos: Mesma premissa do Empreendimento #1
- Capex de manutenção: R$ 75.000,00/ano
- Capex para *retrofit*:   R$ 11.750.000,00 ao longo de 12 meses, durante os quais não há recebimento de aluguel
- Crescimento nominal do FCA na perpetuidade: Mesma premissa do Empreendimento #1

ANÁLISE DE OPORTUNIDADES DE INVESTIMENTO ESPECÍFICAS 89

Projeções do Empreendimento #2: observe o Quadro 3.15.

Quadro 3.15 Projeções do Empreendimento #2

R$ 000	Ano 1	Ano 2	Ano 3	Ano 4	Ano 5
Receita bruta potencial da propriedade	0	3.120	3.245	3.375	3.510
(–) Vacância	0	(156)	(162)	(169)	(175)
Receita bruta da propriedade	0	2.964	3.083	3.206	3.334
(–) Tributos sobre receita	0	(108)	(113)	(117)	(122)
Receita líquida da propriedade	0	2.856	2.970	3.089	3.212
(–) Despesas arcadas pelo proprietário	(120)	(125)	(130)	(135)	(140)
(–) Inadimplência	0	0	0	0	0
NOI	(120)	2.731	2.840	2.954	3.072
(–) Tributos sobre resultado	0	(191)	(199)	(207)	(215)
Lucro líquido	(120)	2.540	2.641	2.747	2.857
(–) Capex	(11.825)	(78)	(81)	(84)	(88)
FCA	(11.945)	2.462	2.560	2.663	2.769

		Ano 1	Ano 2	Ano 3	Ano 4	Ano 5
FCA	R$ 000	(11.945)	2.462	2.560	2.663	2.769
Taxa de desconto nominal	%	14,5%	14,5%	14,5%	14,5%	14,5%
(=) Fluxo de caixa descontado	R$ 000	(10.432)	1.878	1.706	1.549	1.407

Cálculo do valor na perpetuidade	
g (crescimento na perpetuidade)	3,82%
Taxa de desconto nominal	14,5%
Valor na perpetuidade descontado (R$ 000)	13.679

O valor dos fluxos de caixa, incluindo a perpetuidade, descontado a valor presente é de R$ 9,8 milhões. Em outras palavras, esse é o valor que o investidor poderia pagar pelo imóvel para obter uma taxa de retorno esperada de 14,5% a.a. com o investimento no Empreendimento #2.

Finalmente, comparando-se os dois empreendimentos simulados, vemos que investidores que optassem por investir no Empreendimento #1 poderiam pagar no máximo R$ 4,8 milhões pelo imóvel atual. Como o valor de um ativo é obtido no mercado pela maior proposta (*highest bidder*), conclui-se que o imóvel atual é avaliado, pelo método involutivo, em R$ 9,8 milhões, que é o proporcionado pelo Empreendimento #2 (HBU).

3.1.5 Análise de riscos

Como em qualquer classe de ativo, a tomada de decisão de investimento leva em consideração não apenas os aspectos quantitativos de retornos esperados, mas também uma análise de riscos associados. No segmento imobiliário, além dos riscos legais da transação, a serem tratados no Capítulo 4, há diversos riscos de negócios relacionados ao imóvel e aos inquilinos que devem ser avaliados, conforme descritos na Figura 3.4.

1	Risco de localização	4	Risco de crédito
• Ativos bem localizados apresentam riscos significativamente menores que ativos mal localizados		• A classificação de risco de crédito do inquilino impacta a projeção de fluxo de caixa e, portanto, a avaliação do imóvel	

2	Risco do setor	5	Risco de liquidez
• Cada setor da indústria de *real estate* – p. ex.: escritório, varejo, industriais e residenciais – apresenta riscos diferentes		• Investimentos imobiliários apresentam em geral baixa liquidez, o que restringe a mobilidade de capital na saída	

3	Risco de vacância	6	Risco de depreciação
• O valor de um imóvel é proporcional ao valor presente líquido de seus fluxos de caixa futuros. Portanto, o imóvel perde valor quando estiver desocupado		• Os imóveis perdem valor ao longo do tempo devido à deterioração física e outras formas de obsolescência (p. ex.: mudanças tecnológicas, sociais e regulatórias)	

Figura 3.4 Categorias de riscos de negócios.

Fonte: os autores.

O risco relacionado à localização envolve a probabilidade do valor do imóvel se alterar em função de mudanças em fatores como: zoneamento, acesso, dinâmica urbana, atividade econômica empresarial, poder aquisitivo dos moradores do entorno, entre outros.

O risco setorial diz respeito ao grau de impacto no valor do imóvel ocasionado por fatores intrínsecos a cada setor. Por exemplo, o crescimento da fatia do comércio transacionada por canais digitais traz, por um lado, impactos negativos para o setor de varejo físico, mas, por outro lado, impulsiona a demanda por galpões logísticos.

O risco de vacância está associado à probabilidade de o imóvel permanecer sem ocupação, o que pode ocorrer em função de fatores como grau de especificidade do imóvel, localização e tipicidade do contrato de locação. Exemplos de classes de imóveis com elevado risco de vacância são os galpões industriais, os hospitais e as escolas, para os quais, em caso de desocupação, não há geralmente um mercado líquido de novos inquilinos potenciais.

O risco de crédito do ocupante impacta diretamente o valor do imóvel, com inquilinos de *rating* mais altos proporcionando *cap rates* mais baixos para o imóvel.

O risco de liquidez envolve o grau de dificuldade de se realizar o desinvestimento a qualquer momento. Em geral, a liquidez está positivamente correlacionada com estratégias *core*, mercados primários, localizações *premium*, inquilinos de baixo risco de crédito e imóveis com baixo grau de especificidade.

O risco de depreciação do ativo também deve ser considerado na avaliação do investimento. Há tipologias de imóveis mais sujeitas a esse tipo de risco, como a de galpões refrigerados, que exigem grande investimento de manutenção, e a de *data centers*, sujeitos a riscos de obsolescência tecnológica.

Por fim, após a análise do balanço entre risco e retorno, os investidores profissionais avaliam a probabilidade de execução da transação. Como o custo de oportunidade do tempo dos investidores despendido nas negociações é elevado, há uma prática disciplinada de declinar oportunidades de negócio que, por quaisquer razões, indiquem baixa probabilidade de conclusão das negociações.

3.2 INVESTIMENTOS EM PROJETOS DE DESENVOLVIMENTO IMOBILIÁRIO

A análise de viabilidade de projetos de desenvolvimento imobiliário envolve a ponderação de riscos e retornos, e exige o domínio de diversas disciplinas: Arquitetura, Engenharia, Finanças, Direito, Marketing e Vendas.

Para exemplificar o processo, utilizaremos um exemplo de avaliação de oportunidade hipotética de investimento em um terreno de 23.000 m² em uma zona industrial de Salvador, Bahia, exibido na Figura 3.5.

Figura 3.5 Visão aérea do terreno a ser analisado.

Fonte: Google Maps, adaptada pelos autores.

O primeiro passo na análise é a definição do produto imobiliário a ser implantado, o qual é função da demanda e oferta na região. No caso do exemplo analisado, pesquisas de mercado apontaram para o desenvolvimento de um condomínio logístico de galpões modulares.

A partir dos resultados da pesquisa de mercado e das diretrizes da legislação de uso e ocupação do solo, os arquitetos desenham protótipos com especificações do produto. No caso do exemplo, o produto consiste em 18 módulos para locação, além de vestiário, refeitório e guarita, totalizando quase 11.000 m² de área construída, conforme ilustrado na Figura 3.6.

Com o projeto preliminar em mãos, a equipe de engenharia tem os elementos para orçar os investimentos necessários para execução do empreendimento, que incluem custos de projeto, licenciamento, tributos, infraestrutura, edificações, gerenciamento, contrapartidas com a municipalidade, entre outros. Veja um exemplo de orçamento preliminar no Quadro 3.16.

ANÁLISE DE OPORTUNIDADES DE INVESTIMENTO ESPECÍFICAS 93

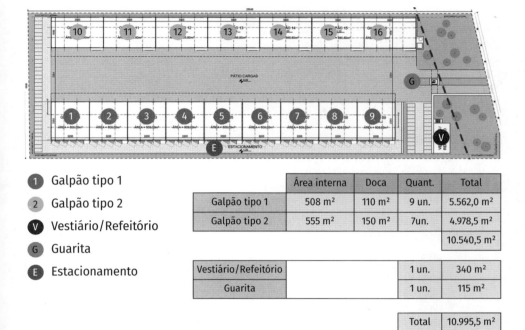

- (1) Galpão tipo 1
- (2) Galpão tipo 2
- (V) Vestiário/Refeitório
- (G) Guarita
- (E) Estacionamento

	Área interna	Doca	Quant.	Total
Galpão tipo 1	508 m²	110 m²	9 un.	5.562,0 m²
Galpão tipo 2	555 m²	150 m²	7 un.	4.978,5 m²
				10.540,5 m²

Vestiário/Refeitório		1 un.	340 m²
Guarita		1 un.	115 m²

	Total	10.995,5 m²

Figura 3.6 Exemplo de projeto de condomínio logístico de galpões modulares.
Fonte: Imeri Capital.

Quadro 3.16 Exemplo de orçamento preliminar

Aquisição do terreno		R$ 5.228.000	33,0%
	Aquisição do terreno + ITBI	R$ 5.000.000	31,5%
	Due diligence	R$ 60.000	0,4%
	Contabilidade SPE + Rel. com Inv.	R$ 168.000	1,1%
Obra – Custos indiretos		**R$ 462.920**	**2,9%**
01	Serviços técnicos (projetos)	R$ 67.000	0,4%
02	Canteiro de serviços	R$ 16.220	0,1%
03	Administração da obra	R$ 291.000	1,8%
04	Despesas gerais	R$ 47.800	0,3%
05	Equipamentos, veículos e ferramentas	R$ 40.900	0,3%

(continua)

(continuação)

Obra – Infraestrutura		R$ 1.261.600	8,0%
06	Terraplenagem	R$ 145.000	0,9%
07	Base	R$ 411.700	2,6%
08	Piso asfáltico	R$ 505.500	3,2%
09	Áreas externas	R$ 199.400	1,3%
Obra – Edificações		**R$ 6.968.400**	**43,9%**
10	Serviços preliminares	R$ 10.000	0,1%
11	Fundações	R$ 389.900	2,5%
12	Estrutura pré-moldada, cobertura	R$ 3.200.000	20,2%
13	Fechamento	R$ –	0,0%
14	Alvenaria/pintura	R$ 25.000	0,2%
15	Anexos	R$ 750.000	4,7%
16	Esquadrias metálicas e ferragens	R$ 585.000	3,7%
17	Pavimentação do galpão	R$ 518.000	3,3%
18	Instalações do galpão	R$ 950.000	6,0%
19	Hidráulica	R$ 65.000	0,4%
20	Incêndio	R$ 300.000	1,9%
21	Castelo d'água	R$ 73.000	0,5%
22	Limpeza final	R$ 2.500	0,0%
23	Extras	R$ 100.000	0,6%
Subtotal		**R$ 8.692.920**	**54,8%**
10%	Taxa de administração	R$ 869.292	5,5%
4%	Contrapartidas com prefeitura	R$ 406.488	2,6%
	Fiscalização de obra	R$ 60.000	0,4%
	Divisórias dos módulos	R$ 600.000	3,8%
Total com obras		R$ 10.628.700	67,0%
Investimento Total		**R$ 15.856.700**	**100,0%**

Fonte: Imeri Capital.

Após a elaboração do orçamento de obra e das premissas de preço e ocupação do imóvel, é desenvolvida a modelagem econômico-financeira, que incorpora todas as premissas do empreendimento e projeta as expectativas de fluxo de caixa, conforme esquema conceitual descrito na Figura 3.7.

ANÁLISE DE OPORTUNIDADES DE INVESTIMENTO ESPECÍFICAS 95

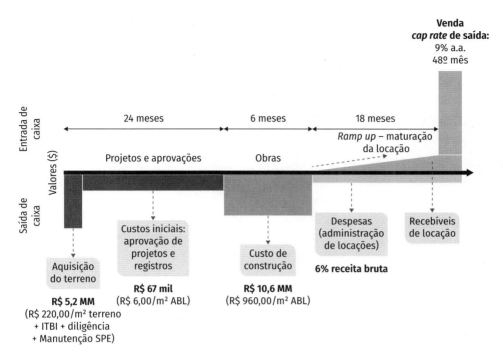

Figura 3.7 Modelo conceitual da modelagem de fluxo de caixa do empreendimento exemplo.
Fonte: os autores.

Após a construção do modelo de projeção de fluxo de caixa, os investidores profissionais calculam a **taxa interna de retorno** (**TIR** ou **IRR**, em inglês) do projeto e o **múltiplo sobre o capital investido** (**MCI** ou **MOIC**, em inglês), que são as principais métricas de atratividade do investimento.

A TIR, que é a taxa de retorno normalizada do projeto, é comparada com o custo do capital, e quando ela é maior do que o custo do capital, o projeto cria valor. Se, por um lado, a TIR é um indicador de atratividade relativa a um referencial (*benchmark*), o MCI, por outro lado, é um indicador de atratividade relativa ao capital investido, calculado pela divisão dos valores cumulativos recebidos pelo investidor ao longo de todo o período do projeto pelos valores aportados.

Após o cálculo de indicadores relativos e absolutos de rentabilidade, usualmente são realizadas análises de sensibilidade a partir de cenários distintos de variáveis-chave, tais como preço de locação, curva de ocupação, custo de obra, *cap rates* de saída, prazo de desinvestimento, entre outros, conforme exemplificado no Quadro 3.17.

Quadro 3.17 Exemplo de análise de sensibilidade

		TIR nominal por custo da obra (% a.a.)					
		Custo da obra (R$/m²)				
		R$ 867	R$ 917	R$ 967	R$ 1.017	R$ 1.067
Preço do aluguel mensal na maturidade (R$/m²)	R$ 14	14,2%	12,6%	11,1%	9,6%	8,1%
	R$ 15	17,4%	15,9%	14,4%	12,9%	11,4%
	R$ 16	20,5%	19,0%	17,5%	16,0%	14,5%
	R$ 17	23,4%	21,9%	20,4%	18,9%	17,5%
	R$ 18	26,3%	24,7%	23,2%	21,8%	20,3%
	R$ 19	29,0%	27,4%	26,0%	24,5%	23,1%

		TIR nominal por *cap rate* (% a.a.)					
		Preço do aluguel (R$/m²)				
		R$ 14	R$ 15	R$ 16	R$ 17	R$ 18
Cap rate (% a.a.) para avaliação do imóvel na saída	8,0%	16,2%	19,5%	22,7%	25,8%	28,7%
	8,5%	13,5%	16,8%	20,0%	23,0%	25,9%
	9,0%	11,1%	14,3%	17,5%	20,4%	23,2%
	9,5%	8,8%	12,0%	15,1%	18,0%	20,8%
	10,0%	6,7%	9,9%	12,9%	15,8%	18,6%
	10,5%	4,7%	7,8%	10,8%	13,7%	16,4%

Fonte: os autores.

Por fim, a atratividade financeira do projeto é confrontada com uma análise de riscos e fatores de mitigação envolvendo dimensões como licenciamento, concorrência, imprevisibilidades técnicas, setoriais e de mercado de capitais, entre outras.

3.3 INVESTIMENTOS EM EMPRESAS OPERACIONAIS DE BASE IMOBILIÁRIA

No caso de oportunidades de investimentos em negócios imobiliários que envolvam empresas com características operacionais, como operadores integrados de hotéis, *shopping centers*, *self storage*, *senior housing*, ou de incorporadoras e urbanizadoras, a avaliação para tomada de decisão de investimento envolve aspectos mais complexos, pertinentes às transações de *private equity* empresarial.

Do ponto de vista quantitativo, a principal pergunta que o investidor de *private equity* imobiliário busca responder é: **"Qual valor posso pagar** por uma determinada participação nesta empresa para remunerar meu capital, assumindo premissas de geração de caixa e de preço no desinvestimento?". Para responder a essa pergunta, o investidor utiliza principalmente a metodologia de fluxo de caixa descontado.

Para exemplificar o processo de análise, vamos utilizar um caso hipotético no qual foi oferecida ao investidor uma oportunidade de adquirir uma participação minoritária na FT&T Hotéis, uma rede de hotéis econômicos com operação em ativos imobiliários próprios e de terceiros. Nesse exemplo, suponha que você, investidor, receba do assessor financeiro (*advisor*) dos empreendedores um memorando de informações (*infomemo*) com os dados resumidos na Figura 3.8.

1. **Situação atual**
- Real estate
    - Hotéis próprios. 1
- Operação
    - Estrutura da *holding*:
        - Despesas comerciais, gerais e administrativas (SG&A): R$ 1 mm/ano.
    - Resultados do último ano (para fins de simplificação de premissas de capital de giro, assume que receitas, custos e despesas são recebidos e desembolsados imediatamente):
        - Receita líquida = R$ 10 mm.
            - Hotéis de terceiros: taxas de administração: R$ 2 mm/ano.
            - Hotéis próprios: diárias e alimentos e bebidas (A&B): R$ 8 mm.
        - Custos (exceto depreciação): R$ 5 mm.
        - EBITDA: R$ 4 mm.
        - Tributos (IR/CSLL): 34% (aplicado sobre EBITDA, para simplificação didática, assumindo zero depreciação, amortização e despesas financeiras).

2. **Plano de negócios de 5 anos**
- Operação
    - Receita líquida:
        - Hotéis de terceiros: crescimento anual de 20% a.a. da taxa de administração em função da conquista de novos contratos.
        - Hotéis próprios: R$ 8 mm/hotel/ano.
    - Custos: 50% da receita líquida.
    - Estrutura da *holding*: despesas com aumento real de 25% a.a.

(continua)

(continuação)

- **Investimentos (Capex)**
  - Aquisição de dois novos hotéis: R$ 28 mm (no início do período de projeção).

3. Oportunidade de investimento
- Aquisição de participação de 40% na FT&T, mediante investimento de R$ 35 mm.
- Usos e fontes de recursos:

Fontes				Usos		
	R$ mm	%			R$ mm	%
Investidor	35	100		Cash-in (investimentos na empresa)	28	70
				Cash-out parcial para empreendedores	7	30
Total	**35**	**100**			**35**	**100**

Figura 3.8 Resumo dos dados do memorando de informações da FT&T Hotéis.

Fonte: os autores.

O primeiro passo da análise envolve a modelagem econômico-financeira do plano de negócios. Para tal, o investidor deve avaliar se as premissas do plano, apresentadas no memorando de informações, são realistas à luz do contexto de demanda, concorrência e de referências similares. Para fins didáticos, vamos assumir que as premissas do plano de negócios da FT&T foram aceitas pelo investidor, que elabora, portanto, as projeções ilustradas no Quadro 3.18.

O segundo passo da análise envolve a modelagem do ponto de vista do investidor e não da empresa. Para tal, a análise no exemplo hipotético levou em consideração as premissas descritas no Quadro 3.19.

Quadro 3.18 Projeção de resultados da FT&T Hotéis

FT&T Hotéis R$ 000	Premissa	Ano 0	Ano 1	Ano 2	Ano 3	Ano 4	Ano 5
Demonstrativo de resultado							
Receita líquida		10.000	26.400	26.880	27.456	28.147	28.977
Diárias e A&B	R$ 8.000,00 por hotel	8.000	24.000	24.000	24.000	24.000	24.000
Taxas de administração	20% a.a.	2.000	2.400	2.880	3.456	4.147	4.977
Custos	50% da ROL	**(5.000)**	**(13.200)**	**(13.440)**	**(13.728)**	**(14.074)**	**(14.488)**
SG&A	25% a.a.	**(1.000)**	**(1.250)**	**(1.563)**	**(1.953)**	**(2.441)**	**(3.052)**
EBITDA		**4.000**	**11.950**	**11.878**	**11.775**	**11.632**	**11.437**
Margem EBITDA		40%	45%	44%	43%	41%	39%
IR/CSLL	34% s/ EBITDA	**(1.360)**	**(4.063)**	**(4.038)**	**(4.003)**	**(3.955)**	**(3.888)**
Lucro líquido		**2.640**	**7.887**	**7.839**	**7.771**	**7.677**	**7.548**

Fonte: os autores.

Quadro 3.19 Premissas utilizadas

Descrição da premissa	Parâmetro utilizado
Valor do aporte do investidor	R$ 35 mm (em 31/12 do Ano 0)
% de dividendos a serem distribuídos (*dividend payout ratio*)	100%
% de participação do investidor na empresa	40%
Nível de alavancagem do investimento	0% (o tópico de alavancagem como instrumento de viabilização e de criação de valor será tratado no item 5.1)
Prazo do investimento	5 anos
Valor da empresa no momento do desinvestimento	Múltiplo de 8x EBITDA do ano de desinvestimento

Fonte: os autores.

O Quadro 3.20 ilustra o fluxo de caixa pela perspectiva do investidor[2] e os indicadores de atratividade. Com uma TIR de 9,6 % a.a., o investimento parece pouco atrativo para uma estratégia oportunística, conforme ilustrado na Figura 2.33.

Quadro 3.20 Fluxo de caixa para o investidor

FT&T Hotéis R$ 000	Premissa	Ano 0	Ano 1	Ano 2	Ano 3	Ano 4	Ano 5
Visão empresa							
(=) Lucro líquido		2.640	7.887	7.839	7.771	7.677	7.548
(+/-) Necessidade de capital de giro	Adotou-se zero	-	-	-	-	-	-
Fluxo de caixa operacional		**2.640**	**7.887**	**7.839**	**7.771**	**7.677**	**7.548**
Fluxo de caixa de investimentos	Aquisição hotéis	(28.000)					
(+) Aporte do investidor		28.000	-	-	-	-	-
(-) Dividendos	Payout de 100%	(2.640)	(7.887)	(7.839)	(7.771)	(7.677)	(7.548)
Fluxo de caixa financiamento		**25.360**	**(7.887)**	**(7.839)**	**(7.771)**	**(7.677)**	**(7.548)**
Fluxo de caixa para a empresa		-	-	-	-	-	-
Visão investidor							
Aporte	Final do período	(35.000)					
Dividendos	40%		3.155	3.136	3.109	3.071	3.019
Desinvestimento	40% do valor da empresa (8x EBITDA)						36.597
Fluxo de caixa para o investidor		**(35.000)**	**3.155**	**3.136**	**3.109**	**3.071**	**39.616**

Retornos referentes a: 01/01/Ano 1	
TIR	9,6%
MOIC	1,5x

Fonte: Os autores.

---

2 Nota: segundo a prática de mercado, o fluxo de caixa e a TIR na perspectiva do investidor são calculados sem considerar eventual tributação de ganho de capital, que depende do regime de tributação de cada investidor.

Concluída a análise quantitativa, o investidor deve ponderar também os aspectos qualitativos da oportunidade para a tomada de decisão de investimento. Para tal, são levados em consideração atributos como o contexto setorial, a atratividade imobiliária, o grau de intensidade e complexidade operacional, a liquidez de saída e os termos contratuais do investimento e do acordo de sociedade, caso aplicável.

A análise de **atratividade setorial** envolve compreender aspectos como:

- Escalabilidade: estrutura de receitas, custos e investimentos no nível do projeto *versus* plataforma.
- Fragmentação: potencial de consolidação e poder de barganha na definição de preços.
- Potencial do mercado: tamanho do mercado como um todo e potencial de ganho de participação.
- Riscos: fatores externos como câmbio, regulamentação, inflação e tecnologia.

A **atratividade imobiliária** envolve a análise da qualidade dos imóveis, projetos e inquilinos da companhia, conforme já exposto nas seções 3.1 e 3.2.

A **complexidade operacional** é um indicador de risco para o investidor imobiliário na medida que quanto mais uma companhia gera retornos a partir da operação relativamente ao aluguel, menos "imobiliário" é considerado o investimento. Como exemplo, uma companhia que deriva seus rendimentos de locação de escritórios é menos arriscada em termos operacionais do que outra que opera imóveis de moradia assistida para idosos, para a qual há que se avaliar a qualidade do time de gestão, os diferenciais competitivos, os processos, os sistemas tecnológicos, entre outros.

A avaliação do **grau de liquidez** é fundamental, pois a captura de valor de um investimento em companhias imobiliárias se dá não apenas por meio de dividendos, mas também no momento do **desinvestimento**. Investimentos mais líquidos geralmente são aqueles que ocorrem em empresas localizadas em mercados primários, de maior porte e diversificação, em setores com alto volume de transações de fusões e aquisições (**M&A**) e alta intensidade competitiva. Além de questões estruturais e conjunturais de mercado, contribuem para a liquidez de um investimento a natureza da participação societária (controle *versus* minoritária) e as condições contratuais que regram gestão e transferências de ações.

Essa análise dos **aspectos contratuais**, a serem tratados no próximo capítulo, são fundamentais para alocação de riscos e responsabilidades entre as partes. Uma conhecida expressão na língua inglesa ilustra a importância desse aspecto negocial: *"You name the price; I'll name the terms"* (em português, "Você define o preço, eu defino os termos."), ou seja, preço por si só não é determinante na atratividade de um negócio.

CAPÍTULO 4

ESTRUTURAÇÃO JURÍDICA DA OPERAÇÃO

Como já abordado no Capítulo 3, um dos primeiros passos na análise e definição estratégica do produto imobiliário a ser implantado é a identificação da demanda e oferta na região, com base, principalmente, nas pesquisas de mercado e nas diretrizes da legislação de uso e ocupação do solo.

O estudo de tais diretrizes, no entanto, também se faz do ponto de vista jurídico/legal da transação. E a avaliação dos riscos legais da transação também pode influenciar tanto na modelagem jurídica quanto na definição do produto a ser desenvolvido.

Como se verá neste capítulo, a avaliação de questões atinentes ao ativo – o imóvel –, aos atuais proprietários, aos antecessores na cadeia dominial, às questões fiscais incidentes sobre o projeto e, por fim, às próprias e diversas modelagens jurídicas para o produto, em conjunto com a avaliação econômico-financeira, é determinante para o conhecimento e o endereçamento dos riscos do negócio pretendido.

Na sequência, o Capítulo 5 abordará os aspectos técnicos e financeiros do processo de criação de valor com desenvolvimento imobiliário, complementando a discussão iniciada neste capítulo, que, como dito, tratará dos aspectos jurídicos.

4.1 ESTUDOS PRELIMINARES E ESTRUTURAÇÃO JURÍDICA

Em paralelo às análises de oportunidades de investimentos mencionadas no Capítulo 3, o desenvolvedor do produto imobiliário faz a análise dos fatores que compõem a transação sob o prisma jurídico.

Para que possam desenvolver tais estudos preliminares de forma juridicamente segura (justificando, inclusive, os investimentos e gastos iniciais detalhados no Capítulo 5), existem diversos instrumentos jurídicos disponíveis.

Os documentos preliminares mais usuais são normalmente denominados como: protocolo de intenções, opção de compra, memorando de entendimentos, *term sheet* etc. Esses documentos têm como finalidade básica permitir ao operador ter acesso às informações básicas do imóvel, aos atuais proprietários e antecessores na cadeia dominial tanto do ponto de vista de regularidade jurídico-cartorária quanto do ponto de vista cadastral junto aos órgãos públicos em geral.

Essa fase inicial ocorre em paralelo à análise das diretrizes da legislação de uso e ocupação do solo, das informações básicas disponibilizadas pelas prefeituras e ao estudo de viabilidade propriamente dito, mencionados no Capítulo 3, no entanto, com enfoque eminentemente jurídico.

É com fundamento nos documentos preliminares que se operacionaliza a realização tanto dos estudos financeiros quanto dos estudos jurídicos. Usualmente, é aqui que o desenvolvedor prevê as condições precedentes, preliminares, suspensivas e/ou resolutivas do negócio.

Sabe-se da relativa volatilidade do mercado imobiliário quando se pensa nos compromissos assumidos pelas partes que o operam (basicamente desenvolvedor e proprietário do terreno), em comparação com a quantidade de desenvolvedores existentes no mercado.

Assim, é de salutar importância para todas as partes que as regras do negócio estejam claras e documentadas nos instrumentos preliminares, permitindo, de forma ampla, que o desenvolvedor possa fazer os investimentos e gastos iniciais, assim como que o proprietário tenha segurança de que não será refém da especulação imobiliária.

Nesse sentido, é comum que as partes celebrem os documentos preliminares prevendo que o negócio definitivo será concretizado após os apropriados estudos de viabilidade econômica, financeira e legal, bem como que se realizem as auditorias técnicas, financeiras, contábeis e legais. Superadas as fases iniciais de avaliação da viabilidade do negócio sob todos esses aspectos – o que, vale dizer, deve se revelar interessantes para todas as partes signatárias –, passa-se à fase de estruturação dos instrumentos jurídicos do negócio.

Este capítulo apresenta os aspectos jurídicos do processo de desenvolvimento imobiliário, abordando, principalmente, o fluxo que vai desde a análise jurídica dos riscos até o desenvolvimento do projeto, passando pela estruturação, captação de recursos e aspectos tributários e regulatórios.

4.2 ANÁLISE JURÍDICA DE RISCOS

Igualmente relevante para a estruturação jurídica da operação e para definição e desenvolvimento do produto imobiliário, a análise jurídica dos riscos deve ser uma das primeiras medidas a ser tomada pelos investidores.

A análise de viabilidade de projetos de desenvolvimento imobiliário sob o prisma jurídico envolve, especialmente, a verificação do principal ativo da operação, qual seja, o imóvel e dos ativos coadjuvantes, vale dizer, o atual proprietário e aqueles que o antecederam na cadeia dominial.

O resultado da *due diligence* imobiliária, também chamada auditoria jurídico-imobiliária, permitirá a identificação, a ponderação de riscos, a adoção de medidas preventivas, corretivas e/ou mitigadoras destes, a escolha dos instrumentos adequados para implementação do empreendimento e, principalmente, o correto provisionamento e alocação de fundos para o desenvolvimento imobiliário.

4.2.1 *Due diligence* imobiliária

Due diligence imobiliária, ou auditoria jurídico-imobiliária, é o procedimento realizado previamente à formalização de uma transação imobiliária, que visa verificar a existência de irregularidades, ônus ou passivos que possam a vir a impactar a aquisição ou utilização do imóvel. As conclusões decorrentes da *due diligence* imobiliária permitem a verificação do interesse no prosseguimento do negócio, bem como a avaliação do preço a ser atribuído ao bem, o endereçamento dos riscos, a existência de condições precedentes à formalização da transação pretendida e a necessidade de contingenciamentos, retenções ou garantias.

A *due diligence* imobiliária baseia-se, fundamentalmente, na análise de certidões do imóvel, do seu atual proprietário e dos antecessores na cadeia dominial nos últimos 10 a 20 anos, conforme o caso. Uma vez averiguadas as peculiaridades do caso concreto, a análise da situação jurídica de outras pessoas pode ser recomendável, tais como as pessoas físicas ou jurídicas relacionadas ao imóvel ou aos proprietários (sociedades das quais façam parte, seus sócios, o espólio e seus herdeiros, entre outros).

Os objetivos da *due diligence* imobiliária são a verificação (i) da titularidade do imóvel, (ii) da existência de ônus e gravames sobre ele, (iii) de eventuais dívidas de natureza *propter rem*,[1] como débitos de Imposto sobre a Propriedade Predial e Territorial Urbana (IPTU) e de contribuições condominiais; (iv) de ações de natureza possessória ou reivindicatória referentes ao imóvel; e (v) de outros aspectos que podem resultar na caracterização de fraude à execução ou de fraude contra credores em decorrência da alienação do imóvel e, consequentemente, na ineficácia ou nulidade do negócio.

Entre os principais documentos analisados durante a realização da *due diligence* imobiliária, destacam-se:

1. Certidão de Inteiro Teor de Matrícula e Negativa de Ônus Reais

A Certidão de Inteiro Teor de Matrícula e Negativa de Ônus Reais é expedida pelo Ofício de Registro de Imóveis da circunscrição imobiliária competente. Nela constam os registros e as averbações das principais características e atos relativos ao imóvel, permitindo a análise da titularidade e de eventuais ônus, gravames e restrições incidentes sobre o bem, tais como hipotecas, alienações fiduciárias, penhoras judiciais, entre outros. A certidão tem validade de 30 dias da data de sua emissão.

A depender do objeto em análise, é importante também solicitar a certidão vintenária, que narra os principais atos relativos ao imóvel no período de 20 anos, a fim de que seja averiguada a regularidade da cadeia dominial do bem. Isso se deve ao fato de que eventual irregularidade nas transferências pode implicar na anulação de todos os atos posteriores.

Ônus e gravames, como cláusulas de inalienabilidade e penhoras judiciais, podem implicar na impossibilidade de consolidação do negócio ou na presunção de fraude. Assim, o cancelamento dos ônus ou dos gravames que possam impactar na transação é usualmente inserido como condição precedente à formalização do negócio.

2. Título aquisitivo

A análise do título aquisitivo por meio do qual o vendedor adquiriu o imóvel tem como objetivo confirmar se as partes foram devidamente representadas, se for o caso, bem como se a transferência se deu mediante

---

1 Obrigações de caráter *propter rem* são aquelas que se vinculam ao bem, acompanhando o seu destino. Assim, o imóvel responde pela obrigação e o titular do domínio útil se tornará responsável pela obrigação, inclusive em relação aos débitos já existentes antes da aquisição de direito real sobre o bem. São exemplos de obrigações *propter rem* o pagamento do IPTU, das cotas condominiais, do foro e do laudêmio. Algumas obrigações ambientais, como o reflorestamento de reserva legal desmatada, também são consideradas *propter rem*.

alguma condição ou restrição. Além disso, essa análise permite a verificação do devido recolhimento dos tributos que incidiram sobre a transação (seja o Imposto de Transmissão de Bens Imóveis Inter Vivos ou o Imposto sobre Transmissão Causa Mortis e Doação), a quitação da taxa de laudêmio[2] e das contribuições condominiais, se aplicáveis.

3. IPTU

O IPTU é um imposto municipal, cobrado anualmente dos titulares da propriedade, do domínio útil ou da posse de bem imóvel localizado na zona urbana do município. A base de cálculo do IPTU é o valor venal do imóvel, calculado pela Prefeitura do local do imóvel. O não pagamento do IPTU pode resultar na propositura de ação de execução fiscal, a qual será vinculada ao imóvel, ainda que esse já tenha sido alienado a terceiro, em decorrência do caráter *propter rem* do tributo.

Além da certidão negativa de débitos de IPTU, recomenda-se que seja solicitado o carnê de IPTU do imóvel do exercício atual e dos 5 últimos exercícios, acompanhado dos comprovantes de pagamento de IPTU de todas as parcelas vencidas.

A certidão negativa de débitos de IPTU é usualmente exigida pelo Cartório de Notas para a lavratura de escrituras públicas. Caso a certidão seja positiva, é possível que o adquirente declare que está ciente da existência dos débitos, assumindo a responsabilidade pelo pagamento e isentando o tabelião de notas e o oficial do registro de imóveis de qualquer responsabilidade nesse sentido.

---

2 O laudêmio é a taxa incidente sobre a transferência de titularidade de imóveis sob o regime de enfiteuse ou de aforamento, previsto no Código Civil de 1916. Esse regime permitia que particulares instituíssem direito real sobre um imóvel, com cessão do domínio útil a outrem, sendo devido o pagamento de um foro anual. Com a entrada em vigor do Código Civil de 2002, foi proibida a constituição de novas enfiteuses particulares, sendo que aquelas já existentes permanecerão sob o regramento do Código Civil de 1916 até a sua remissão. O pagamento do laudêmio e do foro anual também é devido para os imóveis de propriedade do Estado, cedidos para o uso de particulares, como os terrenos de marinha e acrescidos de marinha.

4. Débitos condominiais

O dever dos condôminos de contribuir com as despesas condominiais decorre de previsão expressa no Código Civil.[3] O não pagamento das contribuições devidas implicará na cobrança de penalidade de juros, além de honorários de advogados, bem como na perda do direito à participação das assembleias e ao voto, enquanto perdurar a inadimplência.

Assim como o IPTU, as contribuições condominiais também são uma obrigação de natureza *propter rem*,[4] exigíveis do adquirente em caso de alienação, de modo que a consignação sobre a quitação ou a assunção dos débitos poderá ser requisito para a lavratura de escritura pública de compra e venda do imóvel.

5. Análise da documentação das pessoas físicas ou jurídicas relacionadas ao imóvel

A auditoria jurídico-imobiliária envolve também a análise da documentação relativa às pessoas físicas ou jurídicas que sejam proprietárias ou antecessoras na cadeia de propriedade do imóvel. A praxe é incluir também a análise de outras pessoas cujos passivos possam, de alguma forma, impactar a transação pretendida. Como exemplo, citam-se as empresas

---

3 **Lei Federal nº 10.406/2002, art. 1.336**: São deveres do condômino:

　I – contribuir para as despesas do condomínio na proporção das suas frações ideais, salvo disposição em contrário na convenção;

　II – não realizar obras que comprometam a segurança da edificação;

　III – não alterar a forma e a cor da fachada, das partes e esquadrias externas;

　IV – dar às suas partes a mesma destinação que tem a edificação, e não as utilizar de maneira prejudicial ao sossego, salubridade e segurança dos possuidores, ou aos bons costumes.

　§ 1º O condômino que não pagar a sua contribuição ficará sujeito aos juros moratórios convencionados ou, não sendo previstos, os de um por cento ao mês e multa de até dois por cento sobre o débito.

　§ 2º O condômino que não cumprir qualquer dos deveres estabelecidos nos incisos II a IV, pagará a multa prevista no ato constitutivo ou na convenção, não podendo ela ser superior a cinco vezes o valor de suas contribuições mensais, independentemente das perdas e danos que se apurarem; não havendo disposição expressa, caberá à assembleia geral, por dois terços no mínimo dos condôminos restantes, deliberar sobre a cobrança da multa.

4 **Lei Federal nº 10.406/2002, art. 1.345**: O adquirente de unidade responde pelos débitos do alienante, em relação ao condomínio, inclusive multas e juros moratórios.

nas quais os proprietários sejam administradores, vez que, em caso de desconsideração da personalidade jurídica, o patrimônio pessoal deles pode ser utilizado para garantia ou pagamento dos débitos.

A análise consiste, essencialmente, na averiguação da situação fiscal e da existência de ações judiciais, de protestos e de débitos trabalhistas. Além disso, verifica-se a existência de outras questões que podem ser relevantes para o negócio, como o estado civil e o regime de bens do proprietário, que podem implicar na necessidade de outorga uxória[5] no instrumento que formalizará a transação.

A adoção das diligências necessárias justifica-se na medida em que ocorre o esvaziamento do patrimônio do devedor por meio da alienação dos bens, de modo a torná-lo insolvente, o que poderia resultar na alegação, por parte dos credores, de fraude à execução ou de fraude contra credores. O reconhecimento da fraude implica na ineficácia ou na nulidade do ato jurídico, de modo que o bem alienado responderá pelas dívidas do alienante.

Constatados apontamentos durante a *due diligence* imobiliária, caberá às partes optar pelo não prosseguimento do negócio ou pelo endereçamento dos riscos, o que pode ser feito com a inserção de condições precedentes à formalização do negócio, a retenção de valores, a assunção dos riscos, entre outras. O tratamento das pendências, a fim de que os possíveis impactos para o negócio sejam mitigados, depende de cautelosa análise jurídico-negocial.

4.3 AQUISIÇÃO

A escolha da modalidade contratual para a aquisição da propriedade imobiliária e a negociação com o proprietário do imóvel são alguns dos pontos mais sensíveis no processo de desenvolvimento de empreendimentos imobiliários. A transação pode envolver investimentos relevantes e diversas obrigações, de modo que essa decisão tem potencial de impactar significativamente na saúde financeira do empreendimento.

---

5 Outorga uxória é a autorização concedida por um dos cônjuges para que o outro pratique um ato. De acordo com o art. 1.647 do Código Civil, a prática de atos como a alienação ou constituição de ônus reais sobre bens imóveis depende da outorga uxória (não aplicável quando o casamento é regido pelo regime de separação absoluta de bens).

Entre os modelos adotados pelos empreendedores para a aquisição dos imóveis destinados ao desenvolvimento imobiliário, destacam-se a compra e venda, em que o proprietário transfere o imóvel mediante o pagamento do preço em dinheiro; e a permuta, por meio da qual as partes efetuam a troca do imóvel onde será erigido o empreendimento por outro bem.

A aquisição de imóvel, muitas vezes, envolve a necessidade de realização de procedimentos prévios para a sua formalização, como a obtenção dos recursos (sejam eles próprios ou por meio de financiamento), a aprovação de projetos arquitetônicos ou a quitação integral do preço, quando pactuado o pagamento de forma parcelada.

Salienta-se que algumas estruturas contratuais praticadas no mercado imobiliário envolvem maior sofisticação jurídica, como no caso da permuta. Esse modelo contratual é utilizado especialmente no contexto das incorporações imobiliárias e dos loteamentos, em que os proprietários do imóvel acordam em dar o terreno ao empreendedor, recebendo em troca unidades futuras do empreendimento (permuta física) ou parte do resultado das vendas (permuta financeira). A transação normalmente inclui a transmissão definitiva do imóvel com o regramento detalhado das futuras unidades autônomas a serem entregues ao dono do terreno e/ou regras relacionadas ao pagamento de percentual do produto das vendas.

Ademais, cabe esclarecer que a legislação brasileira determina que, salvo quando expressamente previsto, a escritura pública será exigida para a constituição e para a transmissão de direitos reais sobre imóveis cujo valor seja superior a 30 vezes o salário mínimo vigente.[6] Assim, a validade jurídica das transações imobiliárias que envolvam a transferência da propriedade ou a constituição de garantias reais depende da lavratura de escritura pública.

Ocorre que, em decorrência da complexidade das transações realizadas no mercado imobiliário, é comum que as partes sintam a necessidade de celebrar um instrumento contendo as condições básicas do negócio, ainda que naquele momento não seja possível a imediata e definitiva formalização do negócio. Diante desse contexto, tornou-se praxe no mercado imobiliário que as partes assinem um contrato preliminar, o qual versará sobre os principais aspectos envolvendo a transação pretendida,

---

6 **Código Civil, art. 108**: Não dispondo a lei em contrário, a escritura pública é essencial à validade dos negócios jurídicos que visem à constituição, transferência, modificação ou renúncia de direitos reais sobre imóveis de valor superior a trinta vezes o maior salário-mínimo vigente no País.

até que se resolvam todas as pendências que obstam a lavratura da escritura pública definitiva.

4.3.1 Contrato preliminar de aquisição do imóvel

O contrato preliminar "é aquele por via do qual ambas as partes ou uma delas se comprometem a celebrar mais tarde outro contrato, que será o principal" (PEREIRA, 2017). É, portanto, o acordo por meio do qual as partes se obrigam a celebrar um contrato definitivo em momento futuro, formalizando os termos das negociações preliminares e gerando obrigações a partir delas.

Amplamente utilizado no mercado imobiliário, o compromisso de compra e venda se trata de contrato preliminar por meio do qual o promissário vendedor promete vender o imóvel ao promitente comprador, mediante o recebimento do preço avençado. Com o pagamento integral do preço, deverá o vendedor celebrar o contrato definitivo – a escritura pública – hábil à transferência da propriedade do bem. Portanto, no momento de assinatura do compromisso de compra e venda, não há a venda ou transmissão de propriedade, mas apenas a promessa de fazê-lo.

O Código Civil reconhece o direito real de aquisição do promitente comprador sobre o imóvel, desde que a promessa de compra e venda tenha sido pactuada sem cláusula de arrependimento e registrada junto ao Cartório de Registro de Imóveis competente. Dessa forma, uma vez quitado o preço do contrato, o promitente comprador poderá exigir do promissário vendedor (ou cessionário) a celebração do contrato definitivo.

Caso o promissário vendedor recuse-se a cumprir a obrigação, o titular dos direitos aquisitivos poderá pleitear judicialmente a adjudicação compulsória do bem. Assim, a vontade da parte recalcitrante será suprida pelo mandado de adjudicação, que permite a transferência da propriedade do imóvel junto ao Cartório de Registro de Imóveis. Destaca-se que, nos termos da Súmula 239 do Superior Tribunal de Justiça, não é necessário o registro do contrato preliminar para que seja reconhecido o direito à adjudicação compulsória.[7]

---

7 **STJ, Súmula 239**: "O direito à adjudicação compulsória não se condiciona ao registro do compromisso de compra e venda no cartório de imóveis.".

4.3.2 Contrato definitivo de aquisição do imóvel

A escritura pública é o instrumento jurídico, lavrado pelo Tabelionato de Notas, por meio do qual uma ou mais pessoas declaram a sua vontade. A legislação brasileira atribui fé pública aos tabeliões de notas, garantindo que as partes tenham segurança quanto aos dados constantes no documento e à validade formal da transação.

Em regra, para a formalização dos negócios imobiliários que envolvam a compra de bens com valores superiores a 30 salários mínimos, exige-se a lavratura de escritura pública de compra e venda. A legislação brasileira expressamente dispensa o instrumento público para algumas transações, como na comercialização de lotes que foram objeto de processo de parcelamento do solo e para as operações imobiliárias realizadas no âmbito do Sistema Financeiro da Habitação (SFH) ou do Sistema de Financiamento Imobiliário (SFI), observados os requisitos legais aplicáveis a esses documentos.

Além de contar com os elementos fundamentais relativos à transação (como a qualificação completa das partes, a descrição completa do objeto, o preço e o modo de pagamento acordados), constará também na escritura pública de compra e venda informações sobre o título aquisitivo por meio do qual o alienante adquiriu a propriedade, a existência de eventuais ônus reais, judiciais ou extrajudiciais incidentes sobre o imóvel, a existência de débitos de condomínio, tributos ou taxas relativos ao imóvel, os dados de cadastro fiscal do imóvel, entre outros. A escritura pública deverá ainda fazer menção à guia de recolhimento do imposto de transmissão, ou à imunidade/ isenção do tributo, conforme aplicável.

A escolha do Tabelionato de Notas para lavratura da escritura pública é livre (observadas as regras de territorialidade regulamentadas pelas corregedorias de justiça locais[8]), de forma que as partes poderão optar pelo cartório de sua preferência. Cabe esclarecer que o cálculo dos emolumentos e taxas aplicáveis para a lavratura das escrituras públicas é realizado mediante tabela fixada pelos órgãos públicos competentes em cada Estado, a qual é atualizada periodicamente.

Após a sua celebração, a escritura pública (ou instrumento particular que a substitua, nas hipóteses legais) deverá ser levada à registro junto ao

---

8 De acordo com o Provimento nº 100, de 26 de maio de 2020, do Conselho Nacional de Justiça (CNJ), para escrituras eletrônicas, deve-se observar o local do imóvel ou sede do adquirente.

Cartório de Registro de Imóveis, uma vez que a propriedade imobiliária só se transfere com o registro. Nesse sentido, vale mencionar o famoso brocardo jurídico que rege a atividade registrária no Brasil: "Quem não registra, não é dono", ou seja, o adquirente não será considerado proprietário do imóvel até que se efetue o registro do seu título aquisitivo junto à matrícula daquele bem.

4.4 ESTRUTURAS ALTERNATIVAS PARA VIABILIZAR O INVESTIMENTO

Na presente seção, abordaremos estruturas jurídicas alternativas à aquisição – pura e simples – do ativo imobiliário, apresentando formas usuais de associação entre o desenvolvedor e o proprietário do terreno (note-se que as estruturas financeiras de alavancagem e financiamento serão abordadas no Capítulo 5. Nesta seção e subseções, nos restringiremos às estruturas jurídicas).

A relação entre proprietário do terreno e desenvolvedor habitualmente adota os modelos da parceria imobiliária, do consórcio ou da criação de um ente autônomo, seja por meio da sociedade de propósito específico ou da sociedade em conta de participação, levando-se em consideração para a escolha da estrutura do negócio questões como a transferência do imóvel, a alocação das obrigações legais e pecuniárias e os aspectos tributários.

4.4.1 Parceria imobiliária

A **parceria imobiliária**, mais usual no desenvolvimento de projetos de loteamento, como se verá a seguir, é o modelo de negócio no qual o proprietário do imóvel se associa ao desenvolvedor para a implementação do empreendimento, de modo que o primeiro fornece o ativo imobiliário e o segundo contribui com a execução das obras de infraestrutura e implantação. As atribuições do desenvolvedor podem incluir a realização dos estudos mercadológicos, a estruturação e aprovação do projeto urbanístico, a execução das obras, a comercialização e a gestão dos recebíveis gerados com a venda dos lotes.

Na parceria imobiliária, não existe a criação de ente autônomo, tampouco qualquer forma de afetação do patrimônio ou de transferência dos bens empregados na execução do empreendimento. O imóvel objeto do loteamento permanecerá como parcela do patrimônio geral do loteador, de modo que as partes serão obrigadas a conviver com o risco inerente a essa situação; por exemplo, de que o bem venha a responder por eventuais débitos do proprietário.

Os resultados do empreendimento serão partilhados entre proprietário (loteador) e desenvolvedor, nos termos do contrato celebrado. É importante que os papéis sejam bastante definidos na parceria de modo que não se corra o risco de assumir outras responsabilidades e papéis que possam gerar, inclusive, a desfiguração da parceria, inclusive com a assunção de ônus fiscais, trabalhistas e consumeristas.

4.4.2 Consórcio

O **consórcio** é um modelo de associação entre empresas (sob controle comum ou não) por meio do qual elas se reúnem com a finalidade de executar um empreendimento específico, sem a criação de uma nova pessoa jurídica. A despeito de não possuir personalidade jurídica, a constituição do consórcio depende de registro do ato constitutivo na Junta Comercial competente (exceto no caso de consórcios públicos), bem como de sua inscrição no Cadastro Nacional de Pessoa Jurídica (CNPJ).

O consórcio é disciplinado pela Lei Federal nº 6.404/1976 (Lei das S.A.), que determina que o contrato constitutivo deverá definir as obrigações e responsabilidades de cada uma das consorciadas, as normas para a partilha dos resultados, as regras de administração, contabilização, representação, entre outras matérias. A Instrução Normativa nº 81/2020, do Departamento Nacional de Registro Empresarial e Integração (DREI), por sua vez, regulamenta de forma mais detalhada os procedimentos de constituição, alteração e extinção de consórcios, estabelecendo, entre outros requisitos, que o contrato de consórcio deva também conter a indicação de uma sociedade líder, entre as consorciadas, que será responsável pela representação dele perante terceiros.

Tais contratos podem ser formulados de forma que cada uma das empresas somente se obrigue nas condições pactuadas no respectivo contrato, sem a presunção de solidariedade, sendo essa forma de organização mais comumente adotada para a implementação de loteamentos

Assim, a consorciada terrenista colabora com o terreno, assumindo a qualidade de loteadora. Já a consorciada desenvolvedora imobiliária será encarregada da efetivação do loteamento, responsabilizando-se pela aprovação, execução, comercialização e administração do empreendimento.

As principais vantagens dos consórcios são a independência existente entre as consorciadas e a possibilidade de reconhecimento apartado das receitas e despesas para fins fiscais, assemelhando-se à parceria imobiliária. Porém, esse modelo não oferece solução para questões como a alocação de risco e de responsabilidade atribuídos ao loteador e a segregação do patrimônio destinado à execução do empreendimento em relação ao patrimônio geral do terrenista.

4.4.3 Sociedade de propósito específico

As **sociedades de propósito específico** (SPE) são usualmente utilizadas com duas finalidades: segregar o patrimônio a ser destinado ao empreendimento e como forma de associação entre o terrenista e o desenvolvedor imobiliário. Com a constituição da SPE, e possível que o terrenista confira o imóvel para a integralização de sua participação na sociedade, de modo que essa assume a qualidade de desenvolvedora.

Quando utilizada para a finalidade de associação entre o terrenista e o desenvolvedor, a criação da sociedade mitiga os problemas decorrentes da alocação das responsabilidades sobre o proprietário do imóvel. Essa situação garante maior segurança jurídica para as partes, haja vista que as disposições acordadas passam a ser oponíveis a terceiros e há a segregação patrimonial, de modo que todas as obrigações decorrentes do empreendimento passam a ser atribuídas à SPE.

A SPE pode ser constituída sob qualquer forma societária admitida em lei. Verifica-se que nos empreendimentos imobiliários de loteamentos, por exemplo, prevalece a opção pelas sociedades limitadas, tendo em vista a possibilidade de distribuição desproporcional dos lucros, o que atende à finalidade de divisão das receitas na proporção cabível a cada sócio, nos termos pactuados no respectivo contrato social e em eventual acordo de sócios.

Na formação do nome empresarial da sociedade que venha a se caracterizar como sociedade de propósito específico poderá ser agregada a sigla SPE, antes da designação do tipo jurídico adotado, observados os demais critérios de formação do nome.

A principal desvantagem desse modelo consiste no custo de manutenção de uma sociedade, e eventualmente em uma relativa redução da liberdade de pactuação entre as partes, que se veem obrigadas a observar regramentos legais mais extensos com relação a aspectos como a definição das participações nos resultados das vendas, as formas de contribuição ao capital social, quóruns de deliberação, entre outros. Entretanto, a criação de uma estrutura societária propriamente dita, por sua vez, pode propiciar uma segregação patrimonial mais clara.

4.4.4 Sociedade em conta de participação

A **sociedade em conta de participação** (SCP) é um modelo societário caracterizado pela existência do sócio ostensivo, que exerce a atividade em nome próprio e sob sua exclusiva responsabilidade, e de um ou mais sócios participantes, que, por sua vez, podem apenas participar com o aporte de recursos. Embora nominada "sociedade", trata-se de um arranjo contratual e não possui personalidade jurídica, inexistindo maiores formalidades legais para a sua constituição (sendo, inclusive, dispensável o seu registro). O contrato social da SCP produz efeitos somente entre os sócios.

Verifica-se que as regras atinentes às SCPs são flexíveis quanto a aspectos como a tomada de decisões e a participação dos sócios no patrimônio e nos resultados. Desse modo, o modelo é bastante utilizado no mercado imobiliário como veículo de captação de recursos ou como estrutura de associação entre o proprietário do imóvel e o desenvolvedor imobiliário.

A responsabilidade pelo empreendimento recai sobre o sócio ostensivo, que responderá com o seu patrimônio perante terceiros. Em relação aos sócios participantes, esses assumem responsabilidades apenas perante o sócio ostensivo e limitadas às obrigações contratualmente assumidas.

A posição de sócio ostensivo pode ser assumida tanto pelo desenvolvedor imobiliário, enquanto detentor da *expertise* para implementação do loteamento ou do empreendimento imobiliário, quanto pelo terrenista, na qualidade de proprietário do imóvel. Não obstante, é importante se considerar que a SCP, conforme indicado anteriormente, não tem personalidade jurídica e, assim, não possui patrimônio próprio, razão pela qual a propriedade do imóvel deverá ser do sócio ostensivo, que figurará como loteador.

Nesse sentido, caso o desenvolvedor imobiliário assuma a posição de sócio ostensivo, o terreno objeto do loteamento deverá ser transferido para ele. Ocorre que, ainda que se preveja no contrato de constituição da SCP que o sócio participante contribuirá com o imóvel, esse documento não é título hábil a transferir a propriedade do terreno para o sócio ostensivo. A solução encontrada pelo mercado é a celebração de contrato de compra e venda entre o sócio participante e o sócio ostensivo, gerando crédito em favor do sócio participante, o qual será utilizado como contribuição na SCP. As principais desvantagens desse modelo são a incidência do Imposto de Transmissão de Bens Imóveis (ITBI) e a situação de insegurança para o terrenista, que transfere o imóvel ao sócio ostensivo sem receber, naquele momento, nenhuma garantia ou valor por isso.

Por outro lado, na hipótese de se atribuir ao terrenista a posição de sócio ostensivo, assumindo assim a qualidade de loteador, todos os apontamentos relativos à alocação de responsabilidade verificados na parceria imobiliária serão mantidos. Recomenda-se, nesses casos, que o contrato preveja a ampliação dos poderes do sócio participante/desenvolvedor em decorrência das suas atribuições na execução do empreendimento.

Por fim, ante a inexistência de uma sociedade personificada, não é possível a uma SCP receber investimento estrangeiro, face as regras de registro do Banco Central do Brasil (Bacen).

4.5 DESENVOLVIMENTO DO PROJETO

4.5.1 Aprovação e licenciamento do empreendimento

Além da viabilidade financeira e mercadológica, os estudos preliminares para a estruturação de um empreendimento imobiliário devem abranger a análise da legislação urbanística.

Cada município disciplina as normas relativas ao zoneamento, aos limites, às restrições, bem como regras para a execução das obras e de publicidade. A legislação urbanística disciplina questões essenciais para a elaboração do projeto arquitetônico, como o uso do imóvel (industrial, comercial, residencial), restrições de altimetria e gabarito, o número de pavimentos e vagas, a área construída, entre outras.

Ademais, a legislação municipal regulamenta o procedimento para a aprovação e licenciamento dos projetos arquitetônicos e execução de obras. Na cidade de São Paulo, por exemplo, para a aprovação do projeto junto à Secretaria Municipal de Licenciamento, os empreendimentos de impacto deverão apresentar a Certidão de Diretrizes, emitida pela Secretaria Municipal de Mobilidade e Transportes (SMT) em conjunto com a Companhia de Engenharia de Tráfego (CET). A legislação municipal de Belo Horizonte, por sua vez, prevê o procedimento simplificado de aprovação e licenciamento de empreendimentos de baixo impacto.[9]

---

9 Deliberação Normativa DN/COMPUR nº 01/2017.

Assim, quando da concepção e da estruturação do projeto, é necessário se observar não apenas a legislação federal relativa aos empreendimentos imobiliários, mas também o Plano Diretor, o Código de Normas e outras leis municipais e estaduais.

Vale destacar que, por vezes, do ponto de vista contratual, a aprovação e o licenciamento do empreendimento são dois marcos relevantes para a confirmação do negócio, bem como para certos e relevantes desembolsos do empreendedor.

Naturalmente, existem diversas formas de o empreendedor estabelecer junto ao parceiro ou proprietário do terreno os mais adequados marcos e formas de se fazer o aporte de recursos e pagamentos pela aquisição do ativo principal do negócio imobiliário.

Do ponto de vista jurídico, a aprovação e o licenciamento, a depender da forma pela qual se desenvolverá o produto, são marcos para que se inicie o desenvolvimento do projeto, isto é, marcos para registro de incorporações, loteamentos, contratos, início de obras, apresentação de garantias, entre outros.

No presente tópico, serão analisadas as formas mais usuais de viabilização jurídica para desenvolvimento dos projetos de empreendimentos imobiliários, tais como a incorporação imobiliária, os loteamentos, os contratos de construção e os contratos de locação firmados na modalidade *built to suit*.

4.5.2 Incorporação imobiliária

Reflexo da crescente concentração populacional nas cidades, a verticalização das paisagens urbanas é um dos principais marcos da expansão do mercado imobiliário nas últimas décadas. Os edifícios de uso residenciais, comerciais e mistos, compostos por apartamentos, salas ou lojas, tornaram-se os "carros-chefes" da construção civil nas metrópoles brasileiras.

Nos últimos anos, e grande parte fruto do avanço da tecnologia e do *e-commerce*, o setor logístico tem ocupado espaço relevante no mercado imobiliário. Muitos dos empreendimentos logísticos são estruturados por meio de condomínios edilícios e quando há interesse do desenvolvedor em comercializá-lo durante sua implantação, com registro de **incorporação imobiliária**.

A comercialização de unidades em construção, localizadas em empreendimentos constituídos por partes comuns e partes privativas e administrados sob o regime de condomínio edilício, é conhecida como incorporação imobiliária. Essa atividade é regulamentada pela Lei Federal nº 4.591, de 16 de dezembro de 1964, conhecida como Lei de Incorporações Imobiliárias.

Conforme define Chalhub (2019, p. 07), desenvolver a atividade de incorporação imobiliária significa:

> [...] mobilizar fatores de produção para construir e vender, durante a construção, unidades imobiliárias em edificações coletivas, envolvendo a arregimentação de pessoas e a articulação de uma série de medidas no sentido de levar a cabo a construção até sua conclusão, com a individualização e discriminação das unidades imobiliárias no Registro de Imóveis.

Ou seja, a incorporação imobiliária pressupõe a venda de objeto futuro, ainda não existente no momento da aquisição, razão pela qual se justifica a regulamentação específica para o tema.

Conforme esclareceu Rizzardo (2019, p. 432):

> Há uma atividade de coordenação e consecução de edificações, visando à venda das unidades que as compõem, que se faz no curso da construção, dando-se a entrega depois de concluídas. No terreno, criam-se frações ideais, que ficam vinculadas às unidades imobiliárias que são construídas, tudo vindo a formar tantas novas propriedades quantas forem as unidades vinculadas a uma parcela do terreno, tanto que é procedida a averbação da construção e a unidade receberá a individuação e a respectiva matrícula no Registro de Imóveis.

A incorporação imobiliária é conduzida pelo incorporador, compreendido como aquele que promove direta ou indiretamente o planejamento, a construção e a comercialização de imóveis, antes da conclusão da sua edificação.[10] De acordo com o art. 31 da Lei de Incorporações Imobiliárias, podem atuar como incorporadores o proprietário, o promitente comprador, o cessionário ou o promitente cessionário do terreno, o construtor

---

10 **Lei Federal nº 4.591/1964, art. 29**: Considera-se incorporador a pessoa física ou jurídica, comerciante ou não, que embora não efetuando a construção, compromisse ou efetive a venda de frações ideais de terreno objetivando a vinculação de tais frações a unidades autônomas, em edificações a serem construídas ou em construção sob regime condominial, ou que meramente aceite propostas para efetivação de tais transações, coordenando e levando a termo a incorporação e responsabilizando-se, conforme o caso, pela entrega, a certo prazo, preço e determinadas condições, das obras concluídas.

ou o corretor de imóveis.[11] Em se tratando de cessionários ou titulares de direitos aquisitivos sobre o terreno, o respectivo contrato deve ser irrevogável e irretratável, e o incorporador deve estar imitido na posse do imóvel, bem como deter expressamente os poderes para promover a incorporação imobiliária.

O incorporador pode exercer uma ou todas as funções relacionadas à atividade, como a construção e a corretagem. Para que seja caracterizado como tal, basta que uma pessoa física ou jurídica negocie a venda de frações ideais de terreno vinculadas a unidades autônomas antes da conclusão da sua construção, atraindo para si, assim, todas as obrigações aplicáveis ao incorporador.

A Lei de Incorporações Imobiliárias tem como principal objetivo garantir segurança aos adquirentes das unidades autônomas futuras. Por isso, a lei dispõe sobre diversas obrigações do incorporador, tais como a indicação expressa do seu nome no local da construção, a menção do número de registro da incorporação em todos os documentos relativos

---

11 **Lei Federal nº 4.591/1964, art. 31**: A iniciativa e a responsabilidade das incorporações imobiliárias caberão ao incorporador, que somente poderá ser:

a) o proprietário do terreno, o promitente comprador, o cessionário deste ou promitente cessionário com título que satisfaça os requisitos da alínea a do art. 32;

b) o construtor (Decreto número 23.569, de 11-12-33, e 3.995, de 31 de dezembro de 1941, e Decreto-lei número 8.620, de 10 de janeiro de 1946) ou corretor de imóveis (Lei nº 4.116, de 27-8-62).

c) o ente da Federação imitido na posse a partir de decisão proferida em processo judicial de desapropriação em curso ou o cessionário deste, conforme comprovado mediante registro no registro de imóveis competente.

§ 1º No caso da alínea b, o incorporador será investido, pelo proprietário de terreno, o promitente comprador e cessionário deste ou o promitente cessionário, de mandato outorgado por instrumento público, onde se faça menção expressa desta Lei e se transcreva o disposto no § 4º, do art. 35, para concluir todos os negócios tendentes à alienação das frações ideais de terreno, mas se obrigará pessoalmente pelos atos que praticar na qualidade de incorporador.

§ 2º Nenhuma incorporação poderá ser proposta à venda sem a indicação expressa do incorporador, devendo também seu nome permanecer indicado ostensivamente no local da construção.

§ 3º Toda e qualquer incorporação, independentemente da forma por que seja constituída, terá um ou mais incorporadores solidariamente responsáveis, ainda que em fase subordinada a período de carência, referido no art. 34.

ao empreendimento, inclusive anúncios publicitários, assegurando assim que o incorporador se vincule publicamente ao empreendimento.

Destaca-se que o incorporador poderá ser responsabilizado civil e criminalmente caso promova a incorporação imobiliária em desconformidade com as normas legais. Além disso, o incorporador é responsável pela entrega do imóvel aos adquirentes no tempo e do modo acordado e pelos vícios construtivos, ainda que a construção seja realizada por terceiro.

4.5.2.1 Estruturação da incorporação imobiliária

A **estruturação de um empreendimento** sob o regime da **incorporação imobiliária** é complexa e envolve a articulação de uma série de fatores produtivos, além de recursos físicos e financeiros. Como sumariza Chalhub (2019, p. 25), "o incorporador opera como elemento catalisador, que se incumbe de mobilizar os recursos necessários à consecução do negócio, desde sua gênese até a conclusão do edifício e entrega das unidades aos adquirentes".

A dinâmica da incorporação imobiliária envolve diversos procedimentos prévios à efetiva construção e comercialização das unidades autônomas, tais como a realização de estudos de mercado, o exame das normas de zoneamento e da infraestrutura da região, a consulta aos órgãos públicos necessários, a análise jurídica do imóvel, a elaboração e aprovação dos projetos arquitetônicos, entre outros. A análise cautelosa do imóvel pode demonstrar a necessidade de adoção de procedimentos prévios de ordem técnica ou jurídica, como tratamento das questões geológicas/geotécnicas ou regularização da propriedade, que demandam recursos financeiros e tempo, e podem impactar na viabilidade do empreendimento.

Definida a estrutura do empreendimento, aprovado o projeto arquitetônico e tomadas as demais providências prévias necessárias, caberá ao incorporador realizar os procedimentos de registro da incorporação imobiliária. Conforme determina o art. 32 da Lei das Incorporações Imobiliárias, a negociação das unidades autônomas futuras somente poderá ser iniciada após o arquivamento do Memorial da Incorporação junto ao Cartório de Registro de Imóveis competente.

O Memorial da Incorporação é composto por documentos que contêm as principais características do empreendimento, com especificações sobre as áreas, as características das vagas de garagem, os padrões construtivos e os custos da construção. Entre a documentação a ser apresentada, deverá constar também a comprovação da regularidade do imóvel e da situação financeira do proprietário do terreno e do incorporador, a minuta do contrato preliminar e da futura convenção de condomínio que regerá a edificação e a declaração do incorporador acerca do prazo de carência da incorporação.

Salienta-se que a convenção de condomínio é o principal regulamento para disciplinar a utilização da futura edificação. Nesse sentido, deve ser elaborada com atenção às especificidades de cada empreendimento, nos termos pretendidos pelo incorporador quando da estruturação da incorporação imobiliária, para incluir disposições acerca de questões como a forma de rateio da contribuição condominial cabível a cada unidade, a caracterização jurídica das vagas para veículos e o modo de uso da garagem, as normas gerais de acesso e utilização das áreas comuns, regras de governança e gestão, item essencial quando tratamos de empreendimentos com diversos usos combinados e/ou diversas edificações, entre outros.

Outro ponto a ser definido pelo incorporador é sobre a guarda de veículos. Como elucida Chalhub (2019, p. 42), as vagas de garagem podem ser constituídas como unidades autônomas (que contarão com matrícula e cadastro imobiliário próprio), exclusivas ou acessórias às unidades autônomas (demarcadas e vinculadas às unidades autônomas, para uso exclusivo), ou direito de uso (sem vinculação às unidades autônomas, com utilização regulada pela convenção de condomínio, podendo ser determinada ou não). Ressalta-se que as vagas definidas como unidades autônomas devem ser livres, contando com acesso livre pela rua ou pelas áreas comuns do condomínio, sem que sejam bloqueadas por outras vagas de garagem. É igualmente comum que seja regulado o uso destas, as pessoas que estão autorizadas a acessar à garagem, ou se o empreendimento contará com manobrista para o estacionamento de veículos.

4.5.2.2 Prazo de carência

A incorporação imobiliária envolve diversas obrigações e relevantes investimentos, sendo que após o início das negociações das unidades autônomas, o incorporador estará obrigado a conclui-las. Ocorre que, muitas vezes, o incorporador depende dos valores obtidos com a venda das unidades para o custeio da construção, de modo que, em caso de insucesso na captação dos recursos, a conclusão do empreendimento poderia ficar comprometida.

Nesse sentido, a Lei de Incorporações Imobiliárias permite que o incorporador estipule um **prazo de carência**, ao fim do qual poderá desistir da incorporação caso não se logre êxito em obter as condições que viabilizariam a sua realização, restituindo as quantias eventualmente já recebidas em decorrência do empreendimento, sem penalidades. Esse recurso permite que o incorporador "teste" a aceitação do empreendimento no mercado. Sua principal finalidade é mitigar os riscos decorrentes do insucesso do empreendimento, não apenas para o incorporador, mas também para os adquirentes das unidades já comercializadas e para os credores vinculados à incorporação.

As condições autorizativas da denúncia da incorporação são livremente estipuladas pelo incorporador e deverão constar na declaração que constará no Memorial de Incorporação, bem como em todos os documentos relativos a acordos preliminares. O prazo de carência é improrrogável e não pode exceder o termo final de validade do registro da incorporação, ou seja, tem duração máxima de 180 dias.

4.5.2.3 Patrimônio de Afetação

Com o objetivo de mitigar riscos de falência ou impactos no empreendimento decorrentes de outros negócios do incorporador, a prática mercadológica demonstrou a necessidade da criação de um mecanismo que possibilite a segregação do patrimônio do incorporador em relação ao patrimônio do empreendimento, necessário à conclusão de suas obras. Desse modo, foi editada a Lei Federal nº 10.932/2004, que criou o **Patrimônio de Afetação**, alterando a Lei das Incorporações Imobiliárias.

Esse instituto permite que o todo patrimônio (terreno, benfeitorias, créditos, direitos e obrigações) afetado à incorporação passe a ter um cadastro próprio junto à Secretaria da Receita Federal. Esse conjunto de bens passa a ser considerado independente em relação ao incorporador, não respondendo por débitos ou obrigações que não estejam relacionados ao empreendimento. O Patrimônio de Afetação é uma forma de assegurar aos adquirentes das unidades em construção contra eventuais insucessos do empreendimento, sendo que o patrimônio atenderá com exclusividade às obrigações do empreendimento.

A instituição do Patrimônio de Afetação é facultativa e poderá ser realizada mediante declaração apresentada junto com o Memorial da Incorporação ou termo firmado pelo incorporador e pelos adquirentes das unidades autônomas. Para as incorporações imobiliárias sob Patrimônio de Afetação, é possível que o incorporador opte por aderir ao Regime Especial de Tributação (RET), uma forma de recolhimento tributário simplificado, que será tratado na seção 4.6.2.

Além disso, deverá ser constituída a Comissão de Representantes, composta por pelo menos três adquirentes de unidades autônomas do empreendimento, a qual terá a finalidade de representar os adquirentes e fiscalizar as obras e as finanças do empreendimento. Para que a Comissão de Representantes possa realizar os trabalhos de fiscalização, o incorporador se compromete a fornecer um relatório de obras, de acordo com o cronograma estabelecido.

Em caso de paralisação das obras e de falência ou insolvência do incorporador, será facultado à Comissão de Representantes a destituição do incorporador. Nessas hipóteses, a Comissão de Representantes deverá convocar a assembleia de adquirentes para deliberar sobre o prosseguimento das obras ou a liquidação do Patrimônio de Afetação. No caso de liquidação do patrimônio, o resultado da venda será distribuído entre os adquirentes na proporção do que houverem pago, após deduzidas todas as dívidas em aberto.

4.5.2.4 A Lei dos Distratos Imobiliários no âmbito da incorporação imobiliária

Os litígios concernentes aos percentuais de retenção de valores em decorrência dos distratos imobiliários abarrotaram o judiciário a partir de 2014, como consequência do aumento do inadimplemento dos compradores, decorrente da crise econômica vivida no Brasil no período.

Apesar de os contratos de compra e venda serem, de modo geral, celebrados com natureza irrevogável e irretratável, a rescisão contratual se tornou a única solução para a situação. Nesse contexto, a despeito da existência de previsão contratual sobre as penalidades no caso de rescisão contratual, muitas vezes as multas eram determinadas por meio de decisões judiciais que desconsideravam os termos inicialmente acordados entre as partes.

Diante dessa situação, em 2018 foi editada a Lei Federal nº 13.786/2018, chamada Lei dos Distratos Imobiliários, que alterou a Lei das Incorporações Imobiliárias e a Lei de Parcelamento do Solo (melhor abordada adiante) para disciplinar a resolução dos contratos de compra e venda de unidades autônomas em construção ou lotes em loteamentos em implantação.

Nesse sentido, a Lei dos Distratos Imobiliários determinou que em caso de desfazimento da promessa de compra e venda, é cabível a restituição das quantias pagas pelo adquirente, com a dedução integral da comissão de corretagem e da pena convencional de até 25% da quantia paga, independentemente da comprovação de prejuízo para o incorporador, no prazo máximo de 180 dias contados do distrato. Já para os empreendimentos submetidos ao regime do Patrimônio de Afetação, a penalidade pode chegar a até 50% da quantia paga pelo adquirente, a ser restituída em até 30 dias após a expedição do Habite-se do empreendimento ou da revenda da unidade. A referida lei faculta, ainda, que as partes disponham de modo diverso por meio de instrumento de distrato.

Para os contratos firmados fora da sede do incorporador, compreende-se que o adquirente terá direito a arrependimento, durante o prazo de 7 dias. Desde que comprovado o exercício do direito dentro do prazo legal, mediante a comunicação do arrependimento realizada por carta registrada com aviso de recebimento, o adquirente fará jus à devolução integral dos valores já pagos, inclusive a comissão de corretagem.

Ressalta-se que a Lei dos Distratos pôs fim a uma antiga discussão – o prazo de tolerância para a entrega das obras –, com a previsão, desde que expressamente pactuado entre o incorporador e os promitentes compradores, de que o atraso na entrega do imóvel em até 180 dias não dará causa à resolução do contrato ou à aplicação de quaisquer penalidades.

Após esse prazo, o adquirente poderá optar pela resolução do contrato, com a devolução integral pelo incorporador de todos os valores pagos e da multa estabelecida em até 60 dias corridos ou pela manutenção do contrato, sendo devida pelo incorporador a indenização de 1% dos valores já pagos para cada mês de atraso.

4.5.2.5 Conclusão das obras e entrega do condomínio

Concluídas as obras do empreendimento, o incorporador deverá solicitar junto à municipalidade a emissão da Certidão de Conclusão das Obras, conhecida como "Habite-se", que será emitida após a verificação de que a edificação foi executada em conformidade com o projeto aprovado. A averbação da conclusão das obras na matrícula do imóvel perante o competente Cartório de Registro de Imóveis será requerida mediante a apresentação pelo incorporador do Habite-se juntamente com a Certidão Negativa de Débitos perante o Instituto Nacional da Seguridade Social (CND-INSS), a qual tem a finalidade de atestar o devido recolhimento das contribuições previdenciárias dos empregados que trabalharam na execução das obras.

O Habite-se tem a finalidade de atestar as condições da habitabilidade do imóvel, permitindo a entrega das chaves e a ocupação pelos adquirentes das unidades autônomas. A conclusão das obras enseja a inscrição das unidades autônomas do empreendimento de forma individualizada perante o cadastro fiscal municipal, passando a incidir sobre elas o IPTU e demais tributos e taxas, se for o caso.

O incorporador deverá providenciar também a instituição do condomínio junto ao Cartório de Registro de Imóveis, com a abertura de matrícula para cada unidade autônoma, bem como o registro da Convenção de Condomínio (cuja minuta inicial fora apresentada junto ao Memorial de Incorporação).

O incorporador deve se atentar, ainda, às particularidades apresentadas pelos Códigos de Normas de cada estado. Conforme o Código de Normas de Minas Gerais, ao realizar o registro da incorporação imobiliária, o condomínio já deverá ser instituído, havendo, desde logo, a abertura das matrículas das unidades autônomas.

A partir da conclusão das obras e do início da ocupação do empreendimento, há necessidade de início das atividades regulares do condomínio, quais sejam, a administração geral do condomínio em si, a contratação de funcionários, a limpeza, o funcionamento dos equipamentos e áreas comuns, o pagamento de suas despesas, tais como despesas de concessionárias de energia elétrica e água, lixo, entre outros. Tal procedimento ocorre formalmente por meio da realização da assembleia de instalação do condomínio, ocasião em que também será deliberada a eleição do síndico, do subsíndico e dos demais membros do conselho, o valor da contribuição condominial mensal, entre outros.

A partir desse momento, o novo condomínio deverá promover a sua inscrição no CNPJ junto à Secretaria da Receita Federal, conforme determina a Instrução Normativa RFB nº 1.863/2018.

4.5.3 Loteamento

A contínua expansão dos centros urbanos evidencia a necessidade do planejamento municipal ordenado, enquanto instrumento de execução da política urbana. A regulamentação do uso e da ocupação do solo visa à proteção dos interesses públicos e ao desenvolvimento social, sendo que questões como a mobilidade urbana, a sustentabilidade e o adensamento populacional ganham cada vez mais importância nas agendas municipais.

O parcelamento do solo urbano é o processo de urbanização, mediante a divisão de uma gleba (terreno), nas zonas urbanas, de expansão urbana ou de urbanização específicas. O procedimento é disciplinado pela Lei Federal nº 6.766/1979, conhecida como Lei de Parcelamento do Solo, e compreende a necessária observância de normas urbanísticas, ambientais, sanitárias e civis.

Conforme dispõe o art. 2º da Lei de Parcelamento do Solo,[12] o processo de divisão de terras urbanas pode ser realizado por meio de loteamento, compreendido como a subdivisão de gleba em lotes destinados a edificação, com abertura ou modificação das vias de circulação; desmembramento, por meio da divisão de terra em lotes, com aproveitamento do sistema viário já existente; ou desdobro, mediante a subdivisão de um lote em lotes, sem a alteração de sua natureza, em conformidade com a legislação municipal aplicável.

---

12 **Lei Federal nº 6.766/1979, art. 2º**: O parcelamento do solo urbano poderá ser feito mediante loteamento ou desmembramento, observadas as disposições desta Lei e as das legislações estaduais e municipais pertinentes.

§ 1º Considera-se loteamento a subdivisão de gleba em lotes destinados a edificação, com abertura de novas vias de circulação, de logradouros públicos ou prolongamento, modificação ou ampliação das vias existentes.

§ 2º Considera-se desmembramento a subdivisão de gleba em lotes destinados a edificação, com aproveitamento do sistema viário existente, desde que não implique na abertura de novas vias e logradouros públicos, nem no prolongamento, modificação ou ampliação dos já existentes.

§ 4º Considera-se lote o terreno servido de infraestrutura básica cujas dimensões atendam aos índices urbanísticos definidos pelo plano diretor ou lei municipal para a zona em que se situe.

§ 5º A infraestrutura básica dos parcelamentos é constituída pelos equipamentos urbanos de escoamento das águas pluviais, iluminação pública, esgotamento sanitário, abastecimento de água potável, energia elétrica pública e domiciliar e vias de circulação.

§ 6º A infraestrutura básica dos parcelamentos situados nas zonas habitacionais declaradas por lei como de interesse social (ZHIS) consistirá, no mínimo, de:

I – vias de circulação;

II – escoamento das águas pluviais;

III – rede para o abastecimento de água potável; e

IV – soluções para o esgotamento sanitário e para a energia elétrica domiciliar.

§ 7º O lote poderá ser constituído sob a forma de imóvel autônomo ou de unidade imobiliária integrante de condomínio de lotes.

§ 8º Constitui loteamento de acesso controlado a modalidade de loteamento, definida nos termos do § 1º deste artigo, cujo controle de acesso será regulamentado por ato do poder público Municipal, sendo vedado o impedimento de acesso a pedestres ou a condutores de veículos, não residentes, devidamente identificados ou cadastrados.

De acordo com Silva (2010, p. 327), o loteamento abrange o arruamento, por meio da abertura de vias de circulação e da formação de quadras entre elas, e a divisão dessas em unidades edificáveis (lotes). Os lotes devem conter infraestrutura básica, incluindo equipamentos de escoamento de águas pluviais, iluminação pública, esgotamento sanitário, abastecimento de água potável, energia elétrica e vias de circulação.

A Lei de Parcelamento do Solo disciplina que a qualidade de loteador é atribuída exclusivamente ao proprietário da gleba objeto do parcelamento do solo, diversamente do que determina a Lei de Incorporação Imobiliária, que também permite que o construtor ou o corretor imobiliário assuma a função de incorporador. No caso dos loteamentos, exige-se a comprovação do título de propriedade para aprovação e registro do empreendimento.

Nesse sentido, a responsabilidade legal pelo empreendimento é do proprietário do terreno, o qual responderá pela execução e entrega do empreendimento perante os adquirentes dos lotes, os órgãos públicos e os demais terceiros. O proprietário, enquanto loteador, figurará em todos os documentos relativos ao loteamento.

Não obstante, a prática no mercado imobiliário demonstra que o proprietário do terreno, muitas vezes, não detém a capacidade técnica e os recursos necessários para a execução do empreendimento. Assim, é usual que os terrenistas transfiram o imóvel ao loteador ou que se associe a ele em uma empresa especialista no desenvolvimento de loteamentos urbanos para a qual o terreno é, então, transferido de modo que se viabilize a estruturação e a implementação do empreendimento, com a partilha dos riscos e dos resultados.

4.5.3.1 Procedimentos para a implantação de um loteamento

Como já salientado, o processo de parcelamento do solo está relacionado à execução de políticas urbanas. Dessa forma, para que o empreendimento seja devidamente integrado à dinâmica da cidade, é fundamental que sejam observados alguns parâmetros e requisitos básicos, considerando-se aspectos como o impacto no trânsito, o fluxo de transporte coletivo e a capacidade da infraestrutura básica para fornecimento de serviços públicos.

A Lei de Parcelamento do Solo determina que, previamente à elaboração do projeto de loteamento, o loteador solicite as diretrizes para o uso do solo à Prefeitura Municipal. Assim, a municipalidade indicará as orientações gerais para o desenvolvimento do projeto, como o traçado básico do sistema viário; os usos compatíveis para a área de acordo com o zoneamento estabelecido no Plano Diretor do município; as estruturas mínimas para escoamento das águas pluviais e as áreas que deverão ser destinadas aos equipamentos comunitários.

O procedimento de solicitação das diretrizes envolve a apresentação dos documentos exigidos na legislação municipal, tais como a prova de domínio do imóvel e as plantas do terreno, com demonstração das curvas de nível e dos elementos físicos existentes, e indicação do uso pretendido para o loteamento. Para os municípios com menos de 50 mil habitantes e aqueles cujo plano diretor já contiver as diretrizes de urbanização, a fase de estabelecimento de diretrizes pode ser dispensada por lei municipal.

Na sequência, o projeto do loteamento, elaborado em conformidade com as diretrizes municipais, deverá ser submetido à aprovação da Prefeitura Municipal. Como esclarece Silva (2010, p. 331):

> I – O plano, obedecidas as diretrizes fornecidas e demais normas fixadas pelo órgão de planejamento ou por outro da Prefeitura Municipal, deverá conter os projetos de urbanificação primária, que, atendidas as peculiaridades locais, consistem, nas Municipalidades mais exigentes, mais ou menos, no seguinte:
>
> II – Projeto geral de arruamento, em escala determinada, incluindo curvas de nível do terreno de metro em metro, vias de circulação, quadras, zonas de uso, áreas verdes e áreas institucionais;
>
> III – Perfis longitudinais e seções transversais de todas as vias de circulação, em escalas horizontais estabelecidas, e com cópias nas formas que se especificar;
>
> IV – Projeto completo do sistema de escoamento de águas pluviais, indicando e pormenorizando o dimensionamento e caimento de coletores, bocas-de-lobo e demais equipamentos, nas medidas, normas e padrões especificados;
>
> V – Projeto completo do sistema de coleta, tratamento e despejo de águas servidas e suas respectivas redes, obedecendo as medidas, padrões e normas previstos pelos órgãos competentes;
>
> VI – Projeto completo do sistema de alimentação e distribuição de água potável e respectiva rede, obedecendo as medidas, padrões e normas estabelecidos pelos órgãos competentes;
>
> VII – Projeto de guias, passeios, sarjetas e pavimentação das vias, obedecendo as medidas, padrões e normas estabelecidos pelos órgãos competentes;
>
> VIII – Projeto de arborização das áreas verdes, bem como de arborização das vias, definindo as diferentes espécies a serem plantadas, quer nas áreas verdes como nas vias, obedecendo às normas fixadas pela Prefeitura;

IX – Projeto de proteção das áreas contra erosão, inclusive mediante preservação da cobertura vegetal existente;

X – Memoriais descritivos e justificativos, correspondentes a cada projeto;

XI – Cronograma de execução de obras etc.

As leis municipais determinam o percentual da área do loteamento a ser destinado às vias de circulação, às áreas verdes e às áreas institucionais, as quais serão posteriormente doadas à municipalidade. Em regra, o percentual total das áreas coletivas é de aproximadamente 35% da área do loteamento. Além disso, para a aprovação dos projetos de loteamento, o município pode solicitar contrapartidas ao loteador, tais como a realização de obras na malha viária municipal, para melhoria do acesso ao empreendimento.

Destaca-se que para empreendimentos situados em áreas de interesse especial, em áreas limítrofes dos municípios ou que abranjam área superior a 1 milhão m², o projeto de loteamento também deverá ser submetido à aprovação em âmbito estadual. Além disso, no caso de loteamentos localizados em área de município integrante de região metropolitana, assim definidas em lei, o projeto deve ser submetido para exame e anuência prévia da autoridade metropolitana.

Após a aprovação do projeto de loteamento pelos órgãos competentes, o loteador deverá submetê-lo ao registro junto ao Cartório de Registro de Imóveis competente, em até 180 dias da aprovação, sob pena de caducidade. O oficial do registro de imóveis promoverá a comunicação da Prefeitura sobre o pedido de registro e a publicação de edital do pedido de registro do loteamento em 3 dias consecutivos, podendo o requerimento de registro ser impugnado no prazo de até 15 dias.

Cabe esclarecer que o pedido de registro do loteamento deve estar acompanhado dos documentos que comprovam a titularidade e a regularidade fiscal do imóvel, bem como das certidões fiscais, de protesto e de distribuições de ações em nome do loteador e a declaração do cônjuge do loteador sobre o seu consentimento para o registro do loteamento. Além disso, é necessário apresentar também a cópia do ato de aprovação do loteamento, com termo de verificação da execução das obras mínimas exigidas em lei, ou de cronograma de obras acompanhado do instrumento de garantia para a execução das obras, quando exigidos pela municipalidade.

O pedido de registro deverá ser instruído também com cópia do contrato padrão de promessa de compra e venda, sendo que as condições da venda, como preço e forma de pagamento, serão adequadas aos casos concretos. Os compromissos de compra e venda irretratáveis e elaborados em conformidade com o disposto no art. 26 da Lei de Parcelamento do Solo, acompanhados do comprovante de quitação do preço, valerão como título hábil à transferência do lote ao adquirente, sendo dispensada a formalização do negócio por meio de instrumento público.

4.5.3.2 Dos loteamentos fechados e condomínio de lotes

Popularmente conhecidos como condomínios fechados, os empreendimentos compostos por lotes, com acesso controlado às suas dependências, são bastante comuns nos arredores das grandes cidades. Até a publicação da Lei Federal nº 13.465, de 11 de julho de 2017, esse modelo de loteamento não era previsto na legislação brasileira.

A prática habitual era a aprovação desses loteamentos nos moldes previstos na Lei de Parcelamento do Solo, com a devida doação de áreas à municipalidade, execução das obras de infraestrutura e cumprimento das demais obrigações legais. Posteriormente, instituía-se uma associação de moradores, que pleiteava junto à municipalidade a autorização para o fechamento dessas áreas, com a concessão do uso das áreas públicas aos moradores e a instituição de controle de acesso. Essa situação, muitas vezes, impedia o acesso do público geral às áreas públicas existentes dentro do empreendimento, constituindo, na prática, em verdadeira privatização do espaço.

Outro ponto polêmico relacionado aos condomínios fechados era a obrigatoriedade de contribuição com as taxas instituídas pela associação de moradores, sendo possível encontrar diversas decisões judiciais determinando que o pagamento dessas contribuições seria facultativo e que é um direito constitucional do morador não se associar. Contudo, ainda que não integre a associação de moradores, não poderia deixar de contribuir com as despesas comuns, sob pena de enriquecimento ilícito.

Com o advento da Lei nº 13.465/2017, foram introduzidos no direito brasileiro os regramentos relativos aos loteamentos com acesso controlado, de forma a regulamentar a prática já existente, determinando que o controle de acesso, que deve ocorrer mediante regulamentação por ato do Poder Público Municipal, não deve impedir a entrada de terceiros, desde que devidamente identificados.

Além disso, também foi criado o instituto jurídico dos condomínios de lotes, em moldes semelhantes aos condomínios edilícios. Esses empreendimentos são formulados com a constituição de áreas de propriedade comum e áreas de propriedade privativa, as quais serão vinculadas a frações ideais do solo.

Nessa modalidade, cada lote se configura como uma unidade autônoma do condomínio, o que torna possível a instituição do regime de condomínio, que será regulamentado pela convenção de condomínio, cuja observância é compulsória para todos os proprietários de unidades autônomas, inclusive quanto à obrigatoriedade da contribuição condominial. Rizzardo (2019, p. 99) esclarece:

> [...] há, pois, o condomínio de lotes de uma gleba, mas sem a exigência da urbanização com a implantação de vias, parques e espaços públicos, cujos requisitos, no entanto, poderão ser complementados pela legislação municipal. O diferencial relativamente ao lote comum é que, no condomínio de lote, não se pressupõe qualquer parcelamento da área, permanecendo íntegra a gleba originária. Por convenção, institui-se um condomínio *pro diviso*, com a previsão de que, naquele imóvel, haverá partes que serão de propriedade comum e outras de titularidade exclusiva de cada um dos condôminos.

A Lei nº 13.465/2017 certamente conferiu maior segurança jurídica aos entes envolvidos na estruturação dos negócios imobiliários dessa natureza, como os desenvolvedores, adquirentes, oficiais de cartórios e a municipalidade, solucionando os principais imbróglios relativos a esses modelos de empreendimento.

4.5.3.3 A Lei dos Distratos Imobiliários no âmbito dos loteamentos

Como já mencionado, a Lei dos Distratos Imobiliários disciplina a resolução dos contratos de compra e venda de unidades autônomas em construção, no âmbito das incorporações imobiliárias e dos loteamentos.

Para os contratos de compra e venda de lotes, a Lei dos Distratos Imobiliários prevê que a retenção pelo loteador pode ser de até 10% do valor do contrato, incluída a comissão de corretagem, desde que incorporada ao preço. A devolução dos valores ao adquirente deve ser realizada em até 12 parcelas mensais, a partir do distrato.

Em que pese a entrada em vigor da Lei dos Distratos, a jurisprudência acerca do valor a ser retido pelo incorporador na hipótese de distrato ainda não está pacificada, sendo que a retenção do percentual de 10% dos valores pagos tem sido interpretada como onerosidade excessiva.

O Tribunal de Justiça de São Paulo já se manifestou nesse sentido, no julgamento da Apelação Cível nº 1108671-33.2019.8.26.0100, ao dispor o que se segue:

AÇÃO DE RESCISÃO CONTRATUAL CUMULADA COM RESTITUIÇÃO DE VALORES PAGOS. COMPRA E VENDA DE IMÓVEL. CONTRATO CELEBRADO SOB A ÉGIDE DA LEI 13786/18. RELAÇÃO DE CONSUMO CONFIGURADA ENTRE AS PARTES. INCIDÊNCIA DO CÓDIGO DE DEFESA DO CONSUMIDOR. CLÁUSULA CONTRATUAL VÁLIDA. LEI PERMITE O ESTABELECIMENTO DE LIMITES MÁXIMOS DA SANÇÃO, MAS A IMPOSIÇÃO DE OBRIGAÇÃO DO COMPRADOR QUE DEU ENSEJO A RESOLUÇÃO CONTRATUAL PAGAR VALORES EXCEDENTES GERA ONEROSIDADE EXCESSIVA. SENTENÇA MANTIDA. RECURSO NÃO PROVIDO. [...] Realmente, referida cláusula contratual está de acordo com o disposto no artigo 32-A da Lei 6766/79 (introduzido pela Lei 13786/18), não havendo que se falar em abusividade.

No entanto, conforme bem anotado pela r. sentença, descontados os valores relativos supraelencados, não haveria crédito em favor dos autores, mas sim, débito devido à compradora.

Contudo, a aplicação da cláusula que prevê o pagamento em favor da devedora de eventual diferença em seu favor, causaria onerosidade excessiva ao comprador, o que não pode ser admitido.

Ademais, verifica-se que o artigo 32-A da Lei 6766/79 não estabeleceu limites mínimos em favor do vendedor, mas sim teto de retenção em relação aos valores a serem devolvidos. Neste contexto, a cláusula estabelece limites qualitativos e quantitativos para as cláusulas penais previstas nos contratos regulados por lei, não podendo, contudo, estabelecer crédito em favor da vendedora, mesmo na hipótese de resolução contratual por culpa do comprador.

4.5.4 Contrato de construção

Os **contratos de construção** formalizam as relações existentes entre as construtoras e os donos das obras e são regulamentados pelo Código Civil e pela Lei de Incorporações Imobiliárias. De acordo com o art. 48 da referida lei, a contratação das obras pode se dar sob o regime de empreitada ou o de administração.[13]

O contrato de construção por empreitada trata-se de um acordo por meio do qual o empreiteiro se obriga a executar as obras contratadas, em conformidade com as instruções do dono da obra, as quais serão realizadas

---

13 **Lei Federal nº 4.591/64, art. 48**: A construção de imóveis, objeto de incorporação nos moldes previstos nesta Lei, poderá ser contratada sob o regime de empreitada ou de administração conforme adiante definidos e poderá estar incluída no contrato com o incorporador (VETADO), ou ser contratada diretamente entre os adquirentes e o construtor.

por si ou por meio de terceiros. Além do fornecimento da mão de obra, a contratação poderá abranger também o suprimento dos materiais. A construção é contratada por prazo certo, sendo que o preço da empreitada pode ser fixo ou reajustável e o pagamento ocorrerá de acordo com o cronograma estipulado para a conclusão de cada etapa.

Nas empreitadas com preço certo e previamente fixado, conhecidas como empreitadas por preço global, o construtor somente fará jus ao preço estipulado, ainda que sobrevenham alterações nos preços dos produtos ou da mão de obra. Não obstante, quaisquer mudanças no projeto podem ensejar a cobrança adicional, razão pela qual se recomenda que as partes delimitem de forma detalhada o escopo dos serviços no contrato.

Já nas empreitadas por preço unitário, o valor de cada um dos serviços eventualmente aplicáveis à obra é previamente determinado, de modo que no momento da contratação não há a fixação de preço certo total, mas apenas uma estimativa. Assim, a realização de cada um dos serviços ensejará a aplicação do preço para ele determinado, sendo que, muitas vezes, o pagamento desses valores ocorrerá de acordo com o andamento do trabalho. Nesse modelo, a principal vantagem para o contratante é a possibilidade de maior flexibilidade para alteração das especificações.

Por sua vez, na construção sob o regime de administração, ou construção a preço de custo, contrata-se apenas a execução dos serviços, de modo que o construtor será encarregado apenas pela coordenação dos serviços e pelo fornecimento de mão de obra. Conforme Chalhub (2019, p. 210):

> [...] a obrigação do construtor é promover a execução dos serviços relativos à obra, responsabilizando-se por sua direção técnica e pelo fornecimento da mão de obra necessária a tal fim. De outra parte, os adquirentes figurarão no contrato como tomadores do serviço, sendo sua responsabilidade pagar o custo integral da obra, compreendendo material, mão de obra, remuneração do construtor, impostos, taxas, etc.

A remuneração do construtor é habitualmente calculada a partir de um percentual do custo das obras.

Vale destacar que, no âmbito das incorporações imobiliárias, o incorporador pode ser pessoa distinta do construtor ou assumir também essa função, independentemente do regime de construção adotado. Não obstante, a responsabilidade pela entrega das unidades recairá sobre o incorporador, ainda que as obras sejam efetuadas por terceiro.

4.5.5 Contrato de locação – Modalidade BTS

A Lei Federal nº 8.245, de 18 de outubro de 1991, conhecida como Lei de Locações, regulamenta os contratos de locação de imóveis urbanos para uso residencial, não residencial e por temporada.

Vale ressaltar que a caracterização do imóvel urbano para fins de aplicação da Lei de Locações não está relacionada à sua localização, mas sim à destinação dada ao bem locado. Nesse sentido, a Lei de Locações pode ser aplicável às locações de imóveis localizados na zona rural se o fim a que se destina for exploração de caráter urbano, por exemplo, a instalação de centros de distribuição logística ou de parques de produção de energia. Referida lei determina, ainda, que a locação de vagas autônomas de garagem, espaços para publicidade, apart-hotéis e o arrendamento mercantil serão regidas pelo Código Civil.

A locação denominada *built to suit* (BTS) é o negócio jurídico por meio do qual o locatário contrata a locação de um imóvel urbano, que será construído ou reformado pelo locador de acordo com os interesses do locatário, para posterior cessão temporária do seu uso, mediante o pagamento mensal dos valores pactuados entre as partes. Pelas características inerentes ao BTS, a locação normalmente é de longa duração, pactuada por prazos normalmente não inferiores a 10 anos.

O contrato de locação BTS é habitualmente utilizado para fins industriais ou comerciais, quando o locatário tem necessidades especiais de instalação e/ou as características da atividade a que se destinará o imóvel necessitam de vultuosos investimentos para a sua construção e/ou adequação às necessidades do locatário. Para o locatário, o modelo de locação é vantajoso na medida em que previne a imobilização do capital para a construção de estrutura adequada às suas necessidades, enquanto para o locador a principal vantagem é a ocupação do seu imóvel por longo prazo.

Trata-se de um contrato atípico, regulado pelo art. 54-A da Lei de Locações.[14] Dadas as peculiaridades da locação BTS, a legislação permite

---

14 **Lei Federal nº 4.591/64, art. 54-A**: Na locação não residencial de imóvel urbano na qual o locador procede à prévia aquisição, construção ou substancial reforma, por si mesmo ou por terceiros, do imóvel então especificado pelo pretendente à locação, a fim de que seja a este locado por prazo determinado, prevalecerão as condições livremente pactuadas no contrato respectivo e as disposições procedimentais previstas nesta Lei.

a prevalência das condições livremente pactuadas entre as partes, podendo, inclusive, as partes definirem a não aplicabilidade de determinada disposição da Lei de Locações.

Diversamente do que ocorre nas demais locações, os valores despendidos pelo locador com a reforma do imóvel serão embutidos no valor dos aluguéis mensais. Por essa razão, a jurisprudência majoritária entende pela possibilidade de que o contrato contenha cláusula de renúncia do direito à ação revisional do valor do aluguel. Nesse sentido, cita-se decisão judicial proferida pelo Tribunal de Justiça de São Paulo no processo nº 2096814-79.2019.8.26.0000:

> LOCAÇÃO. PEDIDO DE TUTELA ANTECIPADA ANTECEDENTE. CONTRATAÇÃO "BUILT TO SUIT". LOCADORA QUE REALIZOU A CONSTRUÇÃO EM SEU IMÓVEL, SEGUNDO AS ESPECIFICAÇÕES DA LOCATÁRIA. PLEITO DE FIXAÇÃO DE ALUGUEL PROVISÓRIO, VISANDO DETERMINAR O VALOR DE MERCADO. INADMISSIBILIDADE. PROVIDÊNCIA NÃO COMPATÍVEL COM A PECULIARIDADE DA CONTRATAÇÃO. CONTRAPRESTAÇÃO QUE NÃO LEVA EM CONTA APENAS A REMUNERAÇÃO PELO USO DA COISA, MAS DEVE COMPREENDER O RETORNO DO INVESTIMENTO REALIZADO, ENQUANTO NÃO SE ESGOTAR O PRAZO DESTINADO À AMORTIZAÇÃO DO CAPITAL INVESTIDO. AGRAVO IMPROVIDO. 1. As partes realizaram a contratação da locação, tendo a locadora promovido a construção no imóvel, segundo as especificações da parte locatária. 2. A fixação do aluguel, segundo a livre estipulação das partes, levou em conta, não apenas a finalidade de servir de contraprestação pelo uso do bem, mas, sobretudo, o retorno do investimento realizado no local. 3. Embora se trate de contrato estabelecido antes da entrada em vigor da Lei 12.744/2012, que inseriu o artigo 54-A na Lei 8.245/1991, a matéria não comporta tratamento diferenciado, pois incompatível a aplicação pura e simples da Lei 8.245/1991, em sua primitiva redação a essa modalidade contratual. 4. Não há como cogitar, ao menos neste momento, da existência de direito à revisão contratual, pois não se trata de simples adequação de valor à realidade de mercado, diante da constatação de que ainda não se esgotou o prazo previsto para que se complete a amortização do investimento, segundo a contratação das partes. 5. Não se deparando, em princípio, com a identificação da probabilidade do direito afirmado, não há fundamento para deferir a tutela antecipada para fixar novo valor locatício.

§ 1º Poderá ser convencionada a renúncia ao direito de revisão do valor dos aluguéis durante o prazo de vigência do contrato de locação.

§ 2º Em caso de denúncia antecipada do vínculo locatício pelo locatário, compromete-se este a cumprir a multa convencionada, que não excederá, porém, a soma dos valores dos aluguéis a receber até o termo final da locação.

§ 3º (VETADO).

Além disso, a Lei de Locações prevê que as partes poderão fixar multa, não excedente à soma do valor dos aluguéis a receber até o termo final da locação, para o caso de devolução antecipada do imóvel pelo locatário. Assim, é resguardado o direito do locador de reaver os valores investidos na adequação do imóvel à conveniência do locatário.

4.6 ASPECTOS SOCIETÁRIOS E TRIBUTÁRIOS DAS SOCIEDADES DE PROPÓSITO ESPECÍFICO

Conforme já antecipado na seção 4.4.3, as SPEs são sociedades empresárias com objeto social específico e determinado, dotadas de personalidade jurídica própria e independência patrimonial. Sendo constituída com a finalidade específica de desenvolvimento e execução de empreendimentos imobiliários, a SPE responderá por todos os direitos e obrigações decorrentes de tal empreendimento, isolando os riscos financeiros de sua atividade.

As SPEs podem ser constituídas em qualquer dos tipos societários previstos no Código Civil, devendo observar as regras específicas de constituição e funcionamento determinados na legislação. A principal vantagem da utilização das SPEs é a limitação da responsabilidade dos sócios ou acionistas à sua participação no capital social, protegendo o patrimônio pessoal dos sócios, bem como o patrimônio da empresa de eventuais dívidas dos sócios.

A integralização do capital social da SPE pelos sócios pode ser realizada tanto por meio de dinheiro quanto por bens móveis ou imóveis, que passarão, portanto, a ser de propriedade da SPE. Em geral, o proprietário do terreno no qual será desenvolvido o empreendimento imobiliário será um dos sócios da SPE e sua participação societária é integralizada por meio da transferência do imóvel para o capital social da SPE.

A transferência da titularidade facilita a gestão do imóvel e a aprovação dos projetos do empreendimento, visto que será realizada no próprio nome da SPE. Ainda, em relação ao registro dos atos junto ao Cartório de Registro de Imóveis competente, em alguns estados brasileiros é dispensada a apresentação das certidões dos proprietários anteriores, concentrando a necessidade de regularidade da documentação apenas na SPE, enquanto atual proprietária.

Inicialmente, a integralização de imóvel ao capital social da SPE não é fato gerador do ITBI. Contudo, caso a atividade preponderante da empresa seja imobiliária (compra e venda ou locação de imóveis próprios), haverá a incidência do ITBI, nos termos do art. 156, § 2º, inciso I, da Constituição Federal.[15] Nesse sentido, quando o proprietário integralizar o imóvel no capital social da empresa cuja atividade seja imobiliária, haverá a cobrança do imposto.

Há que se frisar, ainda, que, em se tratando de proprietário pessoa física, recomenda-se que o valor de integralização do imóvel a constar no Contrato Social seja coincidente com o declarado para fins de Imposto de Renda (IR), de forma a evitar o ganho de capital. Contudo, independentemente do valor declarado na transação, a cobrança do ITBI ocorrerá sobre o valor de mercado do imóvel.

O Estatuto Social ou Contrato Social, a depender do tipo societário escolhido, deverá prever todas as regras de administração da SPE e disciplinará as relações internas e externas da sociedade. Sendo eleita a sociedade limitada, o Contrato Social deverá regrar também a distribuição de resultados da SPE, sendo possível a estipulação da distribuição desproporcional dos lucros, nos termos do art. 1.007 do Código Civil.[16]

> A distribuição desproporcional de lucros é isenta da incidência de Imposto de Renda, conforme já pacificado pela Receita Federal, na Solução de Consulta Disit nº 46, de 24/05/2010:
>
> ASSUNTO: IMPOSTO SOBRE A RENDA RETIDO NA FONTE – IRRF DISTRIBUIÇÃO DE LUCROS AOS SÓCIOS. ISENÇÃO. A **distribuição de lucros aos sócios é isenta de imposto de renda** (na fonte e na declaração dos beneficiários), contanto que sejam observadas as regras previstas na legislação de regência, atinentes à forma de tributação da pessoa jurídica.
>
> **Estão abrangidos pela isenção os lucros distribuídos aos sócios de forma desproporcional à sua participação no capital social, desde que tal distribuição esteja devidamente estipulada pelas partes no contrato social**, em conformidade com a legislação societária. (Grifos nossos.)

---

15 **Constituição Federal, art. 156**: Compete aos Municípios instituir impostos sobre: [...] II – transmissão "inter vivos", a qualquer título, por ato oneroso, de bens imóveis, por natureza ou acessão física, e de direitos reais sobre imóveis, exceto os de garantia, bem como cessão de direitos a sua aquisição; [...] § 2º O imposto previsto no inciso II: I – não incide sobre a transmissão de bens ou direitos incorporados ao patrimônio de pessoa jurídica em realização de capital, nem sobre a transmissão de bens ou direitos decorrente de fusão, incorporação, cisão ou extinção de pessoa jurídica, salvo se, nesses casos, a atividade preponderante do adquirente for a compra e venda desses bens ou direitos, locação de bens imóveis ou arrendamento mercantil.

16 **Código Civil, art. 1.007**: Salvo estipulação em contrário, o sócio participa dos lucros e das perdas, na proporção das respectivas quotas, mas aquele, cuja contribuição consiste em serviços, somente participa dos lucros na proporção da média do valor das quotas.

Assim como os sócios podem eleger o tipo societário a ser utilizado pela SPE, também poderão eleger o regime contábil e fiscal, que nortearão o cálculo do IRPJ e da CSLL. Poderão ser utilizados o regime de Lucro Real, o Lucro Presumido ou o RET, a ser tratado a seguir, a depender do faturamento da empresa.

De forma simplificada, as empresas que adotarem a sistemática do Lucro Real terão os impostos calculados tendo como base os resultados reais incorridos pela empresa. Já as empresas que adotarem o Lucro Presumido terão os impostos calculados tendo uma base prefixada de margem de lucro, de acordo com o tipo de atividade exercida pela sociedade. Somente poderão adotar o Lucro Presumido empresas cujo faturamento anual seja entre R$ 4 milhões e R$ 78 milhões.

Pelo exposto, a estrutura empresarial do empreendimento pretendido deve ser objeto de análise tributária e societária específica, de forma a garantir a proteção do patrimônio dos sócios, a melhor utilização dos recursos do empreendimento e a redução da carga tributária.

4.6.1 ITBI

O ITBI é o imposto municipal que tem como fato gerador a transmissão de imóveis e de direitos a eles relativos por atos onerosos *inter* vivos. O contribuinte (sujeito passivo) é o adquirente dos bens ou direitos reais transferidos.

De modo geral, a base de cálculo do ITBI é o maior valor entre o valor venal do imóvel ou direitos transmitidos, atribuídos pela Prefeitura Municipal, e o valor declarado pelo contribuinte para a transação. O ITBI é regulamentado pela legislação municipal, de modo que questões como a base de cálculo, a alíquota e demais regramentos relativos ao tributo podem ter pequenas variações entre as diferentes localidades.

Destaca-se que o ITBI incide sobre cada operação de transmissão de direitos sobre bens imóveis. Logo, em regra, haverá incidência do ITBI em cada uma das transferências relativas aos imóveis destinados ao desenvolvimento de empreendimentos imobiliários e, a depender do modelo escolhido, pode implicar em acréscimos substanciais aos custos do negócio.

Conforme prevê o art. 36 do Código Tributário Nacional (CTN), o ITBI não incide sobre as transmissões de bens imóveis efetuadas para incorporação ao patrimônio de pessoa jurídica (integralização de capital) e nem em operações de incorporação ou fusão societária. Ressalta-se que a imunidade tributária anteriormente aludida não é aplicável quando a pessoa jurídica adquirente dos bens ou direitos tenha como atividade preponderante a venda ou locação de propriedade imobiliária ou a cessão de direitos relativos à sua aquisição.

Destaca-se que, no recente julgamento do Recurso Extraordinário com Agravo (ARE) 1294969, com repercussão geral (Tema 1124), que tratou da incidência do ITBI no caso de cessão de direitos decorrentes de compromisso de compra e venda celebrado entre particulares, o Supremo Tribunal Federal reforçou o entendimento de que "o fato gerador do imposto sobre transmissão *inter* vivos de bens imóveis (ITBI) somente ocorre com a efetiva transferência da propriedade imobiliária, que se dá mediante o registro".

Nesse sentido, é interessante que o planejamento dos negócios seja precedido de análise jurídica especializada, com vistas a assegurar a escolha de estrutura que implique em melhor aproveitamento tributário, principalmente quanto ao ITBI.

4.6.2 IPTU

O IPTU é o imposto de competência municipal que tem como fato gerador a propriedade, o domínio útil ou a posse de bem imóvel localizado na zona urbana do Município, e tem como base do cálculo o valor venal do imóvel. O contribuinte do IPTU é o proprietário do imóvel, o titular do seu domínio útil ou o seu possuidor a qualquer título.

Além do valor venal do imóvel, os Códigos Tributários municipais podem levar em conta outros fatores para o cálculo do tributo, referentes, por exemplo, à localização do imóvel, à existência de construções e à disponibilidade de equipamentos públicos, sendo que a alíquota do imposto poderá ser reduzida.

Nesse sentido, o planejamento dos negócios deve incluir a análise do arcabouço tributário do município, de forma a garantir a cobrança correta dos tributos e a melhor utilização dos recursos.

4.6.3 RET

O RET é um regime de recolhimento tributário simplificado, instituído pela Lei nº 10.931/2004 e aplicável às incorporações imobiliárias sujeitas ao patrimônio de afetação. Consiste no recolhimento unificado de tributos federais (IRPJ, CSLL, PIS e COFINS) por meio da instituição de uma alíquota única de 4%, incidente sobre a receita mensal recebida em razão do empreendimento.

    A adesão ao RET é opcional e tem caráter irretratável, vigendo desde o mês da opção pelo regime, enquanto houver créditos ou obrigações do incorporador para com os adquirentes das unidades autônomas que compõem a incorporação. Além disso, cabe salientar que os valores recolhidos por meio do RET não constituirão créditos para possível restituição ou compensação com outros tributos devidos pelo incorporador.

CAPÍTULO 5

CRIANDO E CAPTURANDO VALOR

Ao contrário do que acontece em investimentos em empresas, nos quais o processo de criação de valor dispõe de diversas alavancas como corte de custos, expansão de mercados, fusões, entre outras, no caso de investimentos em imóveis o investidor não dispõe de tantas alavancas. Ou seja, o preço de aquisição determina, em grande parte, o grau de sucesso do investimento.

Ainda assim, algumas alavancas de criação de valor estão disponíveis, dentre as principais: alavancagem, desenvolvimento, reformas e gestão.

5.1 ALAVANCAGEM FINANCEIRA

Até este ponto do livro, todos os exemplos utilizados para análise de investimento ignoraram a decisão de financiamento, assumindo a premissa de que 100% dos recursos teriam a forma de capital próprio (*equity*). Com os fundamentos conceituais de análise de investimentos entendidos, é possível avaliar qual a melhor estrutura de capital para financiar os investimentos.

A **alavancagem financeira** altera o perfil de risco e retorno do investimento sob a perspectiva do investidor, aumentando o risco em cenários de insucesso, mas potencializando retornos para o investidor ("**return on equity**" ou "**cash-on-cash return**") em cenários de sucesso, conforme ilustrado na Figura 5.1.

Fluxo de Caixa sem Alavancagem

		2021	2022	2023	2024
Preço de Compra		(1.000)			
Preço de Venda					1.300
Renda	12%		120	120	120
Fluxo de Caixa		**(1.000)**	**120**	**120**	**1.420**

TIR	20,2%
Lucro Nominal	660,0
Múltiplo sobre capital investido (MOIC)	1,7

Fluxo de Caixa com Alavancagem

		2021	2022	2023	2024
Preço de Compra		(1.000)			
Preço de Venda					1.300
Renda	12%		120	120	120
Fluxo de Caixa		**(1.000)**	**120**	**120**	**1.420**
Dívida sênior	50%	500			
Juros	10%		(50)	(50)	(50)
Amortização					(500)
Fluxo de Caixa Final		**(500)**	**70**	**70**	**870**

TIR	29,2%
Lucro Nominal	510,0
Múltiplo sobre capital investido (MOIC)	2,0

Figura 5.1 Exemplo conceitual de efeito da alavancagem no retorno de um projeto imobiliário.
Fonte: os autores.

A alteração do perfil de risco *versus* retorno por si só não cria valor, o qual é apurado pelo retorno ajustado pelo risco. Todavia, a alavancagem financeira é uma importante fonte de criação de valor para o investidor imobiliário em um contexto no qual o custo da dívida seja inferior ao custo do *equity* (**alavancagem positiva**), os ativos não se desvalorizem e as despesas com juros sejam dedutíveis da base de cálculo de tributos. Ela também cria valor ao permitir ao empreendedor com restrições de recursos diversificar seus riscos em diversos projetos.

Nesses contextos, deve então o veículo de investimento utilizar o nível máximo de alavancagem possível para criação de valor? A resposta é: depende. A definição da estrutura ótima de capital (*equity versus* dívida) leva em consideração diversos critérios, a saber:

- Regime tributário do investidor.
- Perfil do ativo imobiliário.

Em relação ao primeiro ponto, a alavancagem é tão mais atrativa quanto maior for o benefício tributário (**tax shield**) auferido pelo investidor em função da dedutibilidade das despesas com juros.

Em relação ao segundo ponto, ativos imobiliários que geram caixa com baixa volatilidade são mais aptos a operar com maior grau de alavancagem do que os que operam com menor previsibilidade. Além disso, o grau de relevância do ativo para a operação do usuário, as garantias, as forças jurídicas dos contratos e a relação oferta-demanda também influenciam na decisão de alavancagem.

Para essa decisão, alguns indicadores financeiros são comumente analisados, como indicados no Quadro 5.1.

Quadro 5.1 Indicadores financeiros comuns para análise de alavancagem financeira

Termo	Definição
Custo do financiamento	Taxa de juros da dívida
Custo total da operação (***all-in***)	Custo do financiamento dividido pelo valor da dívida líquida de todas as taxas fixas cobradas pelo credor (***flat fees***), tais como estruturação, distribuição, disponibilidade (garantia firme) etc.
Índices de cobertura de juros	EBITDA (ou NOI) ÷ despesas com juros
Grau de alavancagem do negócio	Endividamento ÷ EBITDA (ou NOI)

(continua)

(continuação)

Termo	Definição
Loan-to-value (**LTV**)	Valor do financiamento como percentual do valor do ativo imobiliário
Loan-to-cost (**LTC**)	Valor do financiamento como percentual do custo de construção e de aquisição do terreno

Fonte: os autores.

Após a definição da estrutura desejada de financiamento, o investidor deve escolher entre as diversas opções de financiamento disponíveis no mercado de capitais ou nas instituições bancárias, conforme descrito a seguir.

5.1.1 Financiamentos bancários

5.1.1.1 Financiamentos bancários para a construção

O financiamento à produção de imóveis, também conhecido como Plano Empresário, é um financiamento concedido com recursos do Sistema Brasileiro de Poupança e Empréstimo (SBPE), conforme Resolução nº 4676/2018, do Banco Central do Brasil, às empresas do segmento da construção civil (incorporadores/construtores) para a construção de empreendimentos residenciais ou comerciais.

O financiamento se limita a ~80% do custo da obra, sendo que o início das liberações fica condicionado à existência de ~20-30% de construção performada e unidades vendidas.

A liquidação do saldo devedor ocorre por meio de repasse das unidades (valor dos financiamentos concedidos pelo credor aos compradores das unidades do empreendimento construído com recursos do empréstimo) em um período máximo de 6 meses após a conclusão do empreendimento.

As garantias desse tipo de financiamento envolvem: hipoteca do terreno e das benfeitorias realizadas, penhor dos recebíveis, fiança ou garantias adicionais dos sócios.

5.1.1.2 Financiamentos bancários para aquisição de imóveis

As linhas de financiamento à aquisição de imóveis no Brasil são divididas em dois grupos: o Sistema de Financiamento de Habitação (SFH) e o Sistema de Financiamento Imobiliário (SFI).

O SFH foi criado pela Lei nº 4.380, de 1964, e conta com recursos oriundos do SBPE e do Fundo de Garantia do Tempo de Serviço (FGTS). De acordo com a Resolução do CMN nº 3.932, de 16 de dezembro de 2010, as entidades integrantes do SBPE devem destinar, no mínimo, 65% dos recursos captados com depósito de poupança para operações de financiamento imobiliário. Desse total, 80%, no mínimo, deve ser destinado a operações no âmbito do SFH, conforme mostrado na Figura 5.2.

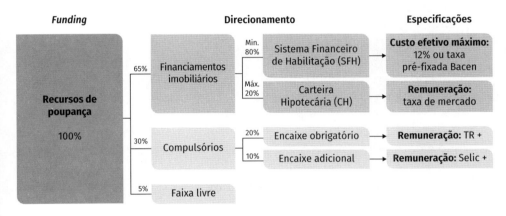

Figura 5.2 Mapa de alocação de recursos do SBPE.

Fonte: Bacen.

No âmbito do SFH, o valor máximo de avaliação do imóvel é de R$ 1,5 milhão, de acordo com a Resolução nº 4.676/2018 do Bacen. Já a taxa efetiva de juros máxima permitida é de 12% ao ano, com reajuste pelo indicador da caderneta de poupança.

O SFI foi criado em 20 de novembro de 1997, por meio da Lei nº 9.514, e introduziu a possibilidade de emissão de certificados de recebíveis imobiliários (CRI). O SFI engloba qualquer tipo de financiamento não coberto pelo SFH.

No SFI, não existe limitação nas taxas de juros, que são livremente pactuadas entre as partes.

5.1.2 Emissão de títulos no mercado de capitais

5.1.2.1 Letra imobiliária garantida

Inspirada nos *covered bonds* europeus e regulamentada pela Lei nº 13.097/2015, a letra imobiliária garantida (LIG) é um título de renda fixa com dupla garantia: da instituição financeira emissora e também lastreado por créditos imobiliários, segregados por regime fiduciário, que pode ser emitido por bancos, caixas econômicas, sociedades de crédito, financiamento ou investimento, companhias hipotecárias e associações de poupança e empréstimo.

É um título com *funding* enquadrado de poupança e vencimento mínimo de 2 anos, carência mínima de 1 ano, com rendimento que pode ser atrelado à variação cambial do dólar ou a índices de juros ou inflação, e que usufrui de isenção de Imposto de Renda (IR) para pessoas físicas.

A distribuição das LIGs, desde que realizada nos termos da Resolução nº 8, não está sujeita a registro na Comissão de Valores Mobiliários (CVM).

5.1.2.2 Certificados de recebíveis imobiliários

A securitização de recebíveis é uma forma de se antecipar o recebimento de recursos a partir de obrigações futuras.

Os CRIs, regulamentados pela Lei nº 9.514/1997, são valores mobiliários representativos de dívida emitidos a partir de operações com lastro imobiliário refletidas em instrumentos como contratos de locação, contratos de financiamento, contratos de compra e venda ou debêntures cujos recursos são destinados a projetos imobiliários pré-especificados.

A emissão dos certificados deve ser feita por instituições financeiras denominadas companhias securitizadoras a partir da cessão dos créditos imobiliários das entidades originadoras, formalizada por uma cessão civil de crédito ou por cédulas de créditos imobiliários (CCI). Esses instrumentos de cessão são, por sua vez, vinculados à emissão de uma série de títulos de créditos mediante um termo de securitização lavrado pela companhia securitizadora, que define os valores, prazos, despesas, garantias e demais características do título.

Há diversas vantagens de se utilizar o CRI como fonte de recursos, entre elas: a segregação de riscos de crédito, a isenção de impostos para pessoas físicas (o que reduz o custo de capital) e a redução de custos proporcionada pela desintermediação do sistema bancário na captação de recursos. A Figura 5.3 esquematiza o fluxo de securitização de um CRI.

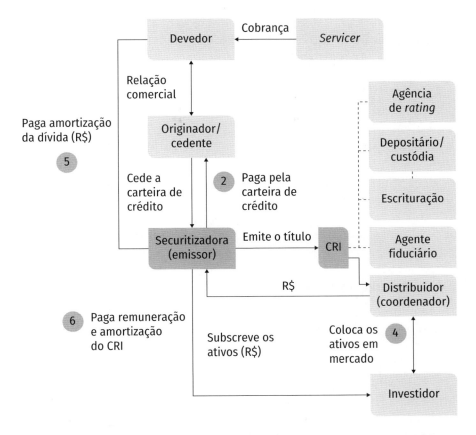

Figura 5.3 Representação esquemática de fluxo de securitização de recebíveis imobiliários.
Fonte: ANBIMA.

A captação de recursos por meio de emissão de CRIs é regulamentada pela Instrução nº 160 da CVM.

5.1.2.3 Debêntures

A **debênture** é um valor mobiliário emitido por empresas, representativo de dívida, que confere ao investidor o direito de receber uma remuneração, que pode ser pré-fixada, pós-fixada ou variável de acordo com o estipulado na escritura de emissão, a ser autorizada pela assembleia geral (no caso de debêntures conversíveis) ou pelo conselho de administração (no caso de debêntures não conversíveis).

A oferta poderá ser dividida em diversas séries e ser privada ou pública, devendo, nesse último caso, o emissor ter registro de companhia aberta e a emissão ser registrada na CVM, intermediada por integrantes do sistema de distribuição de valores mobiliários e contar com a contratação de agente fiduciário.

Quanto à forma, as debêntures podem ser nominativas ou escriturais. Quanto à classe, simples, conversíveis ou permutáveis. E quanto às garantias, real, flutuante, fidejussórias ou sem garantia (quirografárias ou subordinadas).

As debêntures podem ser também incentivadas, gozando de benefício tributário desde que vinculadas a projetos de infraestrutura, conforme a Lei nº 12.431/2011. Todavia, algumas das classificações de infraestrutura podem estar vinculadas a projetos imobiliários, como de armazéns logísticos e portos.

5.1.2.4 Cédula de crédito imobiliário

A CCI, regulamentada pelos arts. 18 a 25 da Lei nº 10.931/2004, é emitida pelo credor do crédito imobiliário, com ou sem garantia, sob a forma escritural ou cartular. A CCI é um título executivo extrajudicial, exigível pelo valor apurado de acordo com as cláusulas e as condições pactuadas no contrato que lhe deu origem.

Em geral, a CCI é o instrumento que serve de lastro para a emissão de CRIs. Na condição de ser anterior à emissão do CRI, os custos incorridos na emissão de CCI são menores. Normalmente, algumas instituições financeiras adquirem CCI de diferentes emissores para emissão de CRI em pacotes.

5.1.2.5 Letra de crédito imobiliário

A **letra de crédito imobiliário** (LCI), regulamentada pelos arts. 12 a 17 da Lei nº 10.931/2004 e pela Circular do Bacen nº 3.614/2012, é um título de renda fixa emitido por instituição financeira e que possui como lastro créditos imobiliários. Possui cobertura do Fundo Garantidor de Crédito até o limite de R$ 250.000,00 por instituição.

A LCI não pode ser resgatada a qualquer momento, mas é possível negociá-la no mercado secundário. O prazo mínimo de vencimento desse ativo varia de acordo com o indexador que possui. São 36 meses quando o título for atualizado mensalmente por índice de preços ou 12 meses se for atualizado anualmente por esse indexador. Se não utilizar índice de preços, é de

CRIANDO E CAPTURANDO VALOR 151

90 dias. Esses prazos devem ser contados a partir da data que um terceiro, pessoa física ou jurídica, adquirir o título da instituição emissora. Nesses períodos, a instituição emissora não poderá recomprar ou resgatar a LCI.

5.2 DESENVOLVIMENTO IMOBILIÁRIO

Além da alavancagem financeira, outra ferramenta de criação de valor é o **desenvolvimento imobiliário**, seja ele para urbanização, construção de novos imóveis ou reforma (*retrofit*) de edificações existentes (Figura 5.4). Por meio desse processo, o valor para o investidor é criado tanto pelo aumento de retorno quanto pela redução de risco.

Figura 5.4 Exemplos de desenvolvimento imobiliário.

Fonte: Urbanização: RonFullHD | iStockphoto. Edificação: ilkercelik | iStockphoto. *rerofit*: Cameris | iStockphoto.

Do ponto de vista de retorno, o valor é criado quando o custo de aquisição do imóvel no estado original somado ao custo do desenvolvimento é inferior ao valor de mercado do novo imóvel.

Além do aumento no retorno, o valor também é criado pela redução de diversos riscos ao longo do processo de desenvolvimento imobiliário, conforme ilustrado na Figura 5.5.

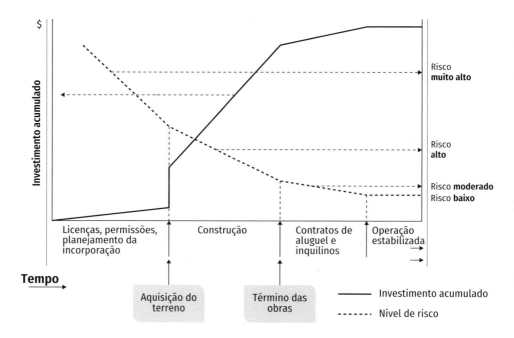

Figura 5.5 Relação entre risco e investimento acumulado nas diferentes fases do desenvolvimento imobiliário.

Fonte: adaptada de *Commercial real estate analysis and investments*, de GELTNER, D. et al. (2007).

Este capítulo apresenta os aspectos técnicos e financeiros do processo de criação de valor com desenvolvimento imobiliário, complementando a discussão iniciada no Capítulo 4, que tratou dos seus aspectos jurídicos. O processo se inicia após a aquisição do imóvel, a assinatura de compromisso ou a obtenção de opção de compra, a partir dos seguintes passos:

- Definição do produto.
- Projetos.
- Orçamento.
- Licenciamento.
- Construção.

O **produto imobiliário**, preliminarmente definido na fase de viabilidade, é agora detalhado a partir de diversos *inputs*, entre eles os estudos mercadológicos de demanda e oferta, qualitativos e quantitativos, que avaliam a vocação do imóvel. A Figura 5.6 exemplifica uma metodologia de estudo para empreendimento residencial de baixa renda.

Além dos aspectos mercadológicos, a definição do produto é sujeita aos parâmetros urbanísticos determinados por diversas regulamentações:

- **Plano diretor municipal**: é uma lei municipal, considerada o instrumento básico da política de desenvolvimento e de expansão urbana, que visa dirigir o desenvolvimento do Município nos seus aspectos econômicos, físicos e sociais.
- **Zoneamento**: é o conjunto de regras – de parcelamento, uso e ocupação do solo – que define as atividades que podem ser instaladas nos diferentes locais da cidade e como as edificações devem estar implantadas nos lotes de forma a proporcionar a melhor relação com a vizinhança (Figura 5.7).
- **Lei de Uso e Ocupação do Solo**: é a lei que define as normas gerais para o desenvolvimento da cidade, reunindo os princípios e as orientações para a utilização e a ocupação do espaço urbano, tais como os mostrados na Figura 5.8.
- **Código de Obras**: é um conjunto de leis que permite à administração municipal controlar e fiscalizar o espaço construído e seu entorno, definindo os conceitos básicos que garantem o conforto ambiental, a segurança, a conservação de energia, a salubridade e a acessibilidade.
- **Legislação ambiental**: leis, decretos, portarias e resoluções com diretrizes para o uso sustentável dos recursos naturais, incluindo, mas não se restringindo, as **áreas de proteção ambiental (APA)**, extensões de área natural destinadas à conservação dos aspectos bióticos, e as **áreas de proteção permanente (APP)**, delimitações intocáveis em que não são permitidas construções ou cultivos.

154 CAPÍTULO 5

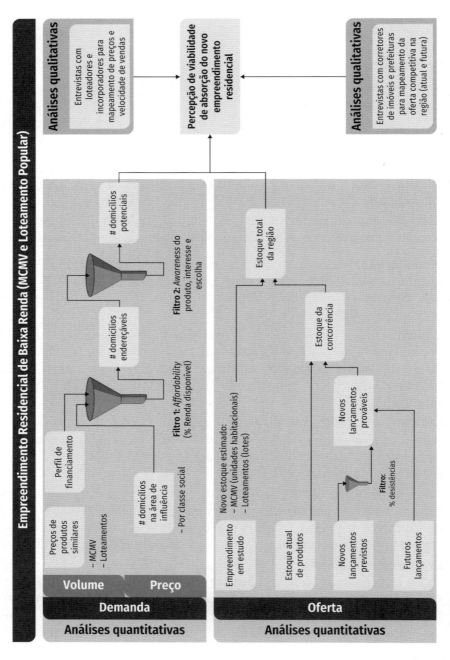

Figura 5.6 Exemplo de metodologia de análise mercadológica para definição de produto imobiliário.
Fonte: Imeri Capital.

Figura 5.7 Exemplo de zoneamento determinado por plano diretor (Belo Horizonte).
Fonte: Secretaria Municipal de Política Urbana – SMPU BH, 2018.

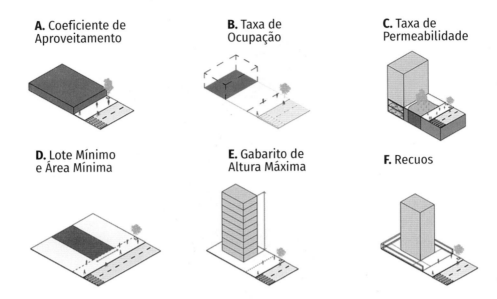

Figura 5.8 Parâmetros de utilização e ocupação do espaço urbano.

Fonte: https://www.tetrisej.com.br/single-post/como-entender-a-guia-amarela. Acesso em: 24 nov. 2021.

- **Outorga onerosa do direito de construir**: é uma contrapartida financeira paga à Prefeitura para que se possa construir além do coeficiente de aproveitamento básico (C.A.Bás) até o limite do coeficiente de aproveitamento máximo (C.A. máximo), definidos na Lei de Uso e Ocupação do Solo.
- **Certificados de Potencial Adicional de Construção (CEPACs)**: são valores mobiliários utilizados como meio de pagamento de contrapartida para a outorga onerosa dentro de determinada operação urbana, que podem ser adquiridos em leilões em bolsa de valores ou no mercado secundário, por meio de corretoras.

Após *inputs* mercadológicos e regulatórios, os projetistas elaboram os estudos arquitetônicos em níveis crescentes de detalhamento, até que se tenham os projetos executivos (Figura 5.10).

CRIANDO E CAPTURANDO VALOR 157

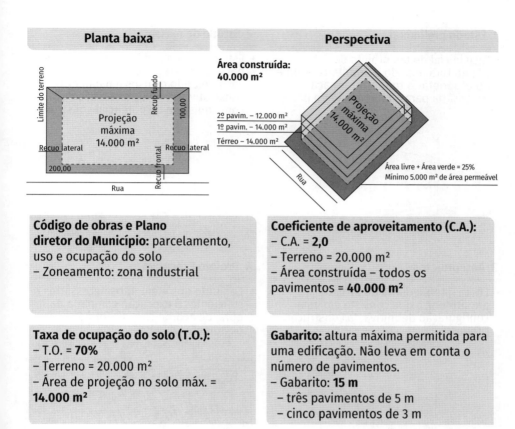

Figura 5.9 Exemplo de enquadramento dos parâmetros de ocupação do espaço urbano.
Fonte: os autores.

1. Estudo preliminar

- Fase inicial de um projeto de arquitetura quando o arquiteto recolhe do proprietário toda a informação necessária para a elaboração do projeto

2. Estudo de massa

- Estudo simplificado desenvolvido com base na legislação vigente, considerando os usos e parâmetros construtivos através da lei básica ou com aquisição de potencial construtivo

3. Anteprojetos

- Etapa intermediária do projeto arquitetônico que consiste em uma configuração definitiva da construção proposta

4. Projeto Executivo

- Conjunto dos elementos necessários e suficientes à execução completa da obra, de acordo com as normas pertinentes da ABNT

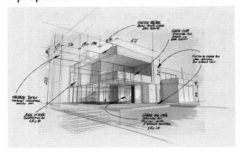
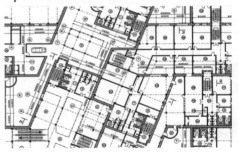

Figura 5.10 Estudos e projetos elaborados para o desenvolvimento imobiliário.

Fonte: os autores. Estudo preliminar: jutka5 | iStockphoto. Anteprojetos: Franck-Boston | iStockphoto. Projeto executivo: UltimaSperanza | iStockphoto.

A partir dos estudos arquitetônicos, diversos outros projetos são contratados e compatibilizados entre si para guiar a execução das obras, elencados na Figura 5.11.

Projetos complementares:
1. Arquitetura
2. Sondagem
3. Terraplanagem e Drenagem
4. Estrutura
5. Fundação
6. Instalações Elétricas
7. Instalações Hidráulicas
8. Piso Industrial
9. Pavimentação
10. Segurança
11. Paisagismo

Figura 5.11 Projetos complementares para o desenvolvimento imobiliário.
Fonte: os autores. Imagem: Prostock-Studio | iStockphoto.

O próximo passo é o de orçamentação dos custos que serão incorridos na obra, essencial para análises de viabilidade e de retorno econômico-financeiro do projeto. Os primeiros estudos orçamentários são geralmente preparados a partir de indicadores parametrizados como o Custo Unitário Básico (**CUB**), calculado mensalmente pelo SINDUSCON e que traz referências de custo de obra para diferentes tipologias e padrões construtivos.

À medida que os projetos arquitetônicos vão sendo mais detalhados, as margens de erro dos orçamentos vão sendo reduzidas, conforme indicado na Figura 5.12.

	Estimativa de custo	Orçamento preliminar	Orçamento detalhado
Margem de erro	Até 20%	Até 15%	Até 10%
Elementos necessários	• Anteprojeto • Especificações mínimas • Índices físicos por etapa	• Projeto pré-executivo • Especificações sucintas • Preços de insumos	• Projetos executivos • Especificações precisas • Composição de preços • Cotação de insumos
Objetivo	Estimativa do custo do anteprojeto, refenciando a análise de viabilidade	Medição do potencial custo da obra para o investidor	Previsão do custo da obra empregando os métodos construtivos comumente usados

Figura 5.12 Evolução da margem de erro de acordo com o projeto arquitetônico.
Fonte: os autores.

Definido, orçado e licenciado o produto imobiliário, inicia-se a fase de obras, que pode ser contratada por qualquer dos regimes jurídicos descritos na seção 4.5.4.

Cada regime possui suas características de alocação de riscos entre contratante e contratada, conforme descrito a seguir (Figura 5.13).

Concluída a obra, procede-se com a etapa final de registro da documentação técnica (*as-built*) e de licenciamento para ocupação, que envolve a obtenção do auto de conclusão de obras, também conhecido como "**Habite-se**", a partir da constatação da conformidade das benfeitorias com as especificações do projeto aprovado e de segurança (Auto de Vistoria do Corpo de Bombeiros – **AVCB**), e a da apresentação de certidões, em processo descrito na seção 4.5.2.5.

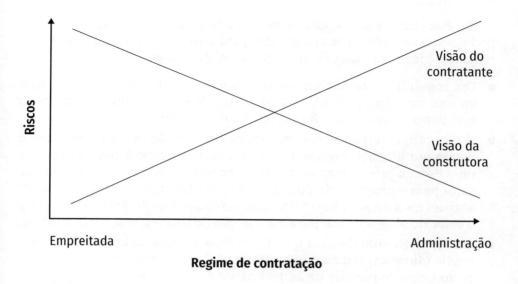

Figura 5.13 Alocação de riscos entre contratante e contratada, segundo tipo de regime de contratação.
Fonte: os autores.

5.3 GESTÃO DE ATIVOS IMOBILIÁRIOS

A gestão de um ativo imobiliário, chamada de *asset management*, ou de múltiplos ativos, chamada de **portfólio** *management*, objetiva criar valor para o proprietário por meio de quatro alavancas:

1. Maximização de geração de caixa.
2. Mitigação de riscos.
3. Governança.
4. Estratégia de desinvestimento.

A primeira alavanca visa à maximização de geração de caixa e envolve duas vertentes: a comercial e a operacional.

A gestão comercial, ou *leasing management*, inclui a gestão ativa do *mix* de inquilinos, da avaliação do perfil de crédito, da estipulação de valores de pedidos de locação, da cobrança de aluguéis, da exigência de garantias, da definição de políticas de descontos, do controle de prazos contratuais, e do marketing e prospecção de novos inquilinos e receitas acessórias.

Conhecendo as alavancas de valor de um imóvel, o gestor comercial pode tomar decisões que criem valor para o investidor a despeito de penalidades nos resultados de curto prazo. Alguns exemplos:

- Um inquilino multinacional com *rating* de crédito AAA pode ser mais valioso para o proprietário a despeito de oferecer um aluguel menor do que outro proponente com perfil de crédito inferior.
- Um inquilino a quem seja concedido um período de carência, ou que pague um aluguel inferior a mercado no curto prazo, mas que aceite uma escada progressiva de aumento acima de mercado, pode ter mais valor para o proprietário do que outro inquilino que pague atualmente aluguel de mercado, haja vista que, no momento de desinvestimento, o valor do aluguel, base para a avaliação do imóvel, será mais atrativo.
- Em um momento de ciclo de alta, uma carteira de aluguéis com prazo médio (**duration**) mais curto é valorizada, por permitir revisões de preço ao longo do período de aquecimento do mercado.
- Um contrato de longo prazo a preços abaixo de mercado pode ter mais valor para o proprietário no caso de o imóvel possuir características específicas que dificultem a locação em caso de saída do inquilino.
- Inquilinos que paguem aluguéis mais baixos, mas que sejam mais estáveis, podem proporcionar mais valor ao proprietário em função da economia com custos associados à rotatividade.
- Uma gestão estratégica de *mix* de inquilinos – que inclua não apenas lojistas satélites, que pagam valores elevados de locação, mas também âncoras, que pagam valores baixos – pode criar sinergias, atrair mais tráfego de visitantes e viabilizar o empreendimento como um todo.

A gestão operacional, ou **property management**, busca minimizar os gastos para os proprietários e ocupantes a partir de diretrizes de níveis de serviços contratados. Com elas, o administrador da propriedade elabora o orçamento anual das despesas condominiais e dos investimentos da propriedade, contratando prestadores de serviço de segurança, recepção, manutenção, assessoria financeira, contábil e jurídica, entre outros.

Uma gestão operacional bem executada cria valor para o investidor, pois diminui a rotatividade de inquilinos, reduz o valor do condomínio e preserva a integridade da propriedade. Um exemplo esquemático de estruturação da gestão operacional de um portfólio de ativos é mostrado na Figura 5.14.

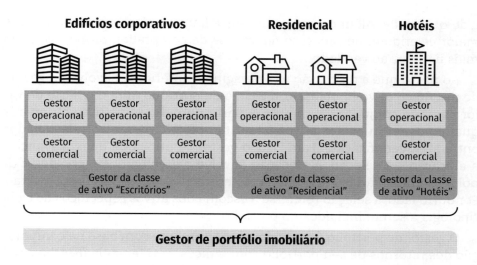

Figura 5.14 Esquemático de gestão de ativos imobiliários.
Fonte: os autores.

A segunda alavanca de criação de valor envolve a mitigação dos diversos riscos associados ao imóvel, aos inquilinos e à operação:

- **Imóvel**: sujeito a riscos de incêndio e de comprometimento de estrutura física, que são mitigados por meio de apólices de seguros e de políticas de manutenção preventivas.

- **Inquilinos**: apresentam riscos de crédito para os proprietários, que os mitigam por meio de políticas de diversificação de ocupação e exigências de garantias na forma de fianças, seguros ou depósitos-caução.

- **Operação**: está exposta a riscos regulatórios, ambientais e de responsabilidade civil que são mitigados a partir de apólices de seguro, políticas e processos de conformidade (*compliance*).

A identificação, a avaliação, o monitoramento e a implementação de instrumentos de mitigação desses riscos são atividades comumente atribuídas a comitês de riscos, constituídos por investidores profissionais e contando com a participação de advogados e gestores comerciais e operacionais.

A terceira alavanca de criação de valor é a governança. Investidores atribuem mais valor ou penalizam menos os ativos imobiliários que apresentem informações contábeis e operacionais transparentes, organizadas e de qualidade. Além do ganho intangível, uma boa governança permite maior celeridade no processo de análise de comprador, proporcionando mais liquidez ao vendedor.

Ao passo que a discussão nos parágrafos anteriores envolveu a gestão de um único ativo imobiliário, a gestão de portfólio mira a criação de valor para um conjunto de imóveis, a partir da redução de risco observada quando os retornos dos ativos não estão perfeitamente correlacionados entre si (**diversificação**). Para isso, o gestor se utiliza de duas alavancas: a **alocação** e a **seleção**. A alocação envolve a escolha dos mercados e tipologias imobiliárias e a ponderação entre eles dos recursos sob gestão. Por outro lado, a seleção refere-se à escolha dos ativos específicos de cada tipologia a serem incluídos no portfólio.

O gestor de portfólio é avaliado periodicamente com base na comparação dos retornos de seu portfólio com índices de referência (*benchmarks*) de mercado, sendo que o desempenho total pode ser desagregado nas suas componentes relativas à alocação e à seleção.

5.4 CAPTURA DE VALOR

Finalmente, de nada adianta todo esforço de formatação de teses de investimento, escolha de boas oportunidades e gestão para criação de valor se o investidor não captura o valor criado (*value capture*). A captura de valor se dá por duas formas de geração de liquidez: distribuição de rendimentos e apuração de ganho de capital com a venda do ativo imobiliário.

1. **Distribuição de rendimentos**: os lucros da sociedade poderão ser distribuídos caso a empresa tenha lucro no exercício, lucros acumulados, reserva de lucros ou reserva de capital (no caso de dividendos fixos para ações preferenciais). A distribuição é regulamentada de forma distinta em função do tipo de sociedade do veículo.

    No caso de sociedades limitadas, a distribuição de lucros ocorrerá após deliberação da reunião de sócios e poderá, mediante previsão no contrato social, ocorrer de forma desproporcional às participações dos sócios, conforme disposição contida no art. 1.007 do Código Civil.

    No caso de sociedades anônimas, a distribuição também deve ser aprovada em assembleia geral, todavia não é permitida a distribuição desproporcional de dividendos. Por outro lado, é permitida a constituição de ações ordinárias e preferenciais de diferentes classes.

Para as ações ordinárias, os dividendos deverão seguir a proporção das participações. Já para as preferenciais, segundo o art. 17 da Lei nº 6.404, é possível estabelecer sistemáticas flexíveis, haja vista ser permitida a estipulação de dividendos prioritários fixos ou mínimos, a serem estipulados no estatuto social.

2. **Venda**: a formulação da estratégia de **desinvestimento** envolve responder às seguintes perguntas:
   - Por que vender?
   - Como vender?

Em relação à primeira pergunta, a decisão de venda depende das preferências do investidor quanto aos retornos incrementais, ou marginais, esperados para o ativo imobiliário vis-à-vis seu custo de oportunidade, conforme ilustração na Figura 5.15. Por exemplo, um investidor que buscou retorno de 20% a.a. por meio de uma estratégia de desenvolvimento imobiliário de um edifício residencial pode ter preferência por realizar esse ganho e reinvestir seu capital em novos empreendimentos com mesmo perfil de retorno ao invés de permanecer com o imóvel performado recebendo um rendimento de aluguel de 6% a.a. sobre o seu valor de mercado.

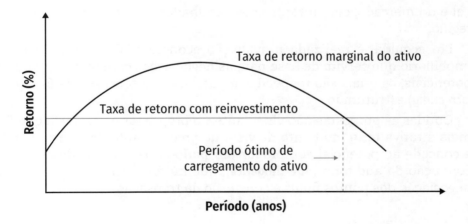

Figura 5.15 Exemplo conceitual de análise de período de carregamento de investimento, assumindo taxa de reinvestimento constante.

Fonte: adaptada de *Real Estate Finance and Investments*, de William B. Bruggeman, Jeffrey D. Fischer (2008).

O investidor não apenas pode ter preferência por outro perfil de risco e retorno, como também, por questões tributárias ou outras diversas, pode passar a não ser o proprietário mais adequado ao ativo. Por exemplo, um fundo de investimento imobiliário (FII) que possui isenções tributárias gera mais fluxo de caixa livre do que qualquer outro proprietário de um mesmo ativo, podendo, portanto, pagar mais por ele do que outro proprietário.

Outra razão usual de venda, em especial para fundos, envolve eventuais prazos pré-determinados de mandatos de investimento, pelos quais os gestores devem realizar o desinvestimento e retornar o capital para os investidores em até 5 a 10 anos. Gestores de múltiplos ativos diversificados podem também optar pela venda de ativos objetivando o rebalanceamento de portfólios.

Tomada a decisão de venda, parte-se para o planejamento e execução da transação, que, dependendo da complexidade, conta com o envolvimento de assessorias imobiliárias, legais e tributárias. A Figura 5.16 ilustra a metodologia da Imeri Capital para processos de venda de ativos imobiliários de grande porte.

O processo de venda de um ativo ou de um portfólio imobiliário de maior porte se assemelha a um processo de fusões e aquisições de empresas, iniciando-se com a preparação de materiais descritivos do imóvel e do mercado, com informações detalhadas de oferta e demanda na região.

Em seguida, é realizada a avaliação econômico-financeira do ativo imobiliário que servirá de base para as negociações com os compradores potenciais, os quais são mapeados a partir de um processo de filtragem (*screening*) estruturado.

Obtidas as propostas não vinculantes, o proprietário escolhe a que for mais atrativa tanto do ponto de vista de preço quanto de termos gerais e concede ao potencial comprador um período de exclusividade para a condução da auditoria (***due diligence***), que irá fornecer subsídios para a negociação dos pontos finais e conclusão da transação.

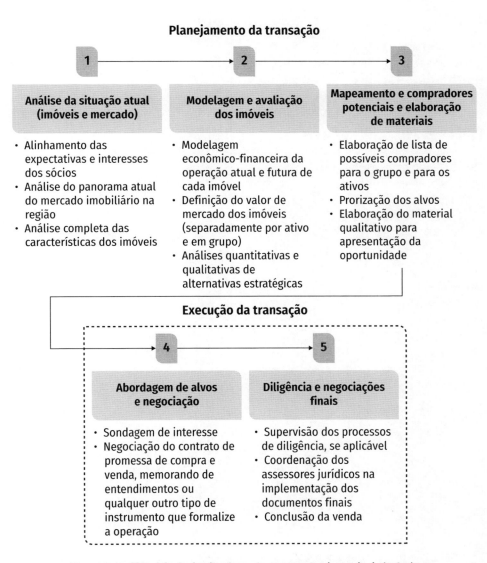

Figura 5.16 Metodologia de planejamento e execução de venda de imóveis.

Fonte: os autores.

ANEXOS

1 TABELA IBAPE

O cálculo do fator padrão de acabamento do imóvel segue a fórmula a seguir:

$$FC = R + (1 - K) \times (1 - R)$$

em que:

FC = padrão do imóvel;

R = valor residual correspondente ao padrão da edificação, expresso em percentagem do valor de reprodução, conforme a Tabela 1.

K = coeficiente de Ross-Heidecke, conforme Anexo 2.

Tabela 1. Valor Residual R, IBAPE

Classe	Tipo	Padrão	Idade Referencial – IR (anos)	Valor Residual – R (%)
Residencial	Barraco	1.1.1 – Padrão rústico	5	0
		1.1.2 – Padrão simples	10	0
	Casa	1.2.1 – Padrão rústico	60	20
		1.2.2 – Padrão proletário	60	20
		1.2.3 – Padrão econômico	70	20
		1.2.4 – Padrão simples	70	20
		1.2.5 – Padrão médio	70	20
		1.2.6 – Padrão superior	70	20
		1.2.7 – Padrão fino	60	20
		1.2.8 – Padrão luxo	60	20

(continua)

(continuação)

Classe	Tipo	Padrão	Idade Referencial – IR (anos)	Valor Residual – R (%)
Residencial	Apartamento	1.3.1 – Padrão econômico	60	20
		1.3.2 – Padrão simples	60	20
		1.3.3 – Padrão médio	60	20
		1.3.4 – Padrão superior	60	20
		1.3.5 – Padrão fino	50	20
		1.3.6 – Padrão luxo	50	20
Comercial, serviço e industrial	Escritório	2.1.1 – Padrão econômico	70	20
		2.1.2 – Padrão simples	70	20
		2.1.3 – Padrão médio	60	20
		2.1.4 – Padrão superior	60	20
		2.1.5 – Padrão fino	50	20
		2.1.6 – Padrão luxo	50	20
	Galpão	2.2.1 – Padrão econômico	60	20
		2.2.2 – Padrão simples	60	20
		2.2.3 – Padrão médio	80	20
		2.2.4 – Padrão superior	80	20
Especial	Cobertura	3.1.1 – Padrão simples	20	10
		3.1.2 – Padrão médio	20	10
		3.1.3 – Padrão superior	30	10

2 TABELA DE ROSS-HEIDECKE

Tabela 2 Ross-Heidecke

Idade em % da vida referencial	Estado de conservação (%)							
	a	b	c	d	e	f	g	h
2	1,02	1,05	3,51	9,03	18,90	33,90	53,10	75,40
4	2,08	2,11	4,55	10,00	19,80	34,60	53,60	75,70
6	3,18	3,21	5,62	11,00	20,70	35,30	54,10	76,00
8	4,32	4,35	6,73	12,10	21,60	36,10	54,60	76,30

(continua)

(continuação)

Idade em % da vida referencial	Estado de conservação (%)							
	a	b	c	d	e	f	g	h
10	5,50	5,53	7,88	13,20	22,60	36,90	55,20	76,60
12	6,72	6,75	9,07	14,30	23,60	37,70	55,80	76,90
14	7,98	8,01	10,30	15,40	24,60	38,50	56,40	77,20
16	9,28	9,31	11,60	16,60	25,70	39,40	57,00	77,50
18	10,60	10,60	12,90	17,80	26,80	40,30	57,60	77,80
20	12,00	12,00	14,20	19,10	27,90	42,20	58,30	78,20
22	13,40	13,40	15,60	20,40	29,10	42,20	59,00	78,50
24	14,90	14,90	17,00	21,80	30,30	43,10	59,60	78,90
26	16,40	16,40	18,50	23,10	31,50	44,10	60,40	79,30
28	17,90	17,00	20,00	24,60	32,80	45,20	61,10	79,60
30	19,50	19,50	21,50	26,00	34,10	46,20	61,80	80,00
32	21,10	21,10	23,10	27,50	35,40	47,30	62,60	80,40
34	22,80	22,80	24,70	29,00	36,80	48,40	63,40	80,80
36	24,50	24,50	26,40	30,50	38,10	49,50	64,20	81,30
38	26,20	26,20	28,10	32,20	39,60	50,70	65,00	81,70
40	28,80	28,80	29,90	33,80	41,00	51,90	65,90	82,10
42	29,80	29,80	31,60	35,50	42,50	53,10	66,70	82,60
44	31,70	31,70	33,40	37,20	44,00	54,40	67,60	83,10
46	33,60	33,60	35,20	38,90	45,60	55,60	68,50	83,50
48	35,50	35,50	37,10	40,70	47,20	56,90	69,40	84,00
50	37,50	37,50	39,10	42,60	48,80	58,20	70,40	84,50
52	39,50	39,50	41,90	44,00	50,50	59,60	71,30	85,00
54	41,60	41,60	43,00	46,30	52,10	61,00	72,30	85,50
56	43,70	43,70	45,10	48,20	53,90	62,40	63,30	86,00
58	45,80	45,80	47,20	50,20	55,60	63,80	74,30	86,60
60	48,80	48,80	49,30	52,20	57,40	65,30	75,30	87,10
62	50,20	50,20	51,50	54,20	59,20	66,70	75,40	87,70
64	52,50	52,50	53,70	56,30	61,10	61,30	77,50	88,20
66	54,80	54,80	55,90	58,40	69,00	69,80	78,60	88,80
68	57,10	57,10	58,20	60,60	64,90	71,40	79,70	89,40
70	59,50	59,50	60,50	62,80	66,80	72,90	80,80	90,80

(continua)

(continuação)

Idade em % da vida referencial	Estado de conservação (%)							
	a	b	c	d	e	f	g	h
72	62,20	61,90	62,90	85,00	68,80	74,60	81,90	90,60
74	64,40	64,40	65,30	67,30	70,80	76,20	83,10	91,20
76	66,90	66,90	67,70	69,60	72,90	77,90	84,30	91,80
78	69,40	69,40	72,70	71,90	74,90	89,60	85,50	92,40
80	72,00	72,00	72,70	74,30	77,10	81,30	86,70	93,10
82	74,60	74,60	75,30	76,70	79,20	83,00	88,00	93,70
84	77,30	77,30	77,80	79,10	81,40	84,80	89,20	94,40
86	80,00	80,00	80,50	81,60	83,60	86,60	90,50	95,00
88	82,70	82,70	83,20	84,10	85,80	88,50	91,80	95,70
90	85,50	85,50	85,90	86,70	88,10	90,30	93,10	96,40
92	88,30	83,30	88,60	89,30	90,40	92,70	94,50	97,10
94	91,20	91,20	91,40	91,90	92,80	94,10	95,80	97,80
96	94,10	94,10	94,20	94,60	95,10	96,00	97,20	98,50
98	97,00	97,00	97,10	97,30	97,60	98,00	98,00	99,80
100	100,00	100,00	100,00	100,00	100,00	100,00	100,00	100,00

Fonte: Ibape.

Estado de conservação:

a) **Novo**: edificação nova ou com reforma geral e substancial, com menos de 2 anos, que apresente apenas sinais de desgaste na pintura externa.

b) **Entre novo e regular**: edificação nova ou com reforma geral e substancial, com menos de 2 anos, que apresente necessidade apenas de uma demão leve de pintura para recompor a sua aparência.

c) **Regular**: edificação seminova ou com reforma geral e substancial entre 2 e 5 anos, cujo estado geral possa ser recuperado apenas com reparos de eventuais fissuras superficiais localizadas e/ou pinturas externa e interna.

d) **Entre regular e reparos simples**: edificação seminova ou com reforma geral e substancial entre 2 e 5 anos, cujo estado geral possa ser recuperado com reparo de fissuras e trincas localizadas e superficiais, e pinturas interna e externa.

e) **Reparos simples**: edificação cujo estado geral possa ser recuperado com pinturas interna e externa, após reparos de fissuras e trincas superficiais generalizadas, sem recuperação do sistema estrutural. Eventualmente, revisão dos sistemas hidráulico e elétrico.

f) **Entre reparos simples e importantes**: edificação cujo estado geral possa ser recuperado com pinturas interna e externa, após reparos de fissuras e trincas, com estabilização e/ou recuperação localizada do sistema estrutural. As instalações hidráulicas e elétricas podem ser restauradas mediante a revisão e com substituição eventual de algumas peças desgastadas naturalmente. Eventualmente, pode ser necessária a substituição dos revestimentos de pisos e paredes de um ou outro cômodo. Revisão da impermeabilização ou substituição de telhas da cobertura.

g) **Reparos importantes**: edificação cujo estado geral possa ser recuperado com pinturas interna e externa, com substituição de panos de regularização da alvenaria, reparos de fissuras e trincas, com estabilização e/ou recuperação de grande parte do sistema estrutural. As instalações elétricas e hidráulicas podem ser restauradas mediante a substituição das peças aparentes. A substituição dos revestimentos de pisos e paredes, da maioria dos cômodos, faz-se necessária. Substituição ou reparos importantes na impermeabilização ou no telhado.

h) **Entre reparos importantes e sem valor**: edificação cujo estado geral seja recuperado com estabilização e/ou recuperação do sistema estrutural, substituição da regularização da alvenaria, reparos de fissuras e trincas. Substituição das instalações hidráulicas e elétricas. Substituição dos revestimentos de pisos e paredes. Substituição da impermeabilização ou do telhado.

i) **Sem valor**: edificação em estado de ruína.

3 COEFICIENTES UTILIZADOS NA NBR 12721 E NA NBR 14653

O coeficiente para cálculo da equivalência de área é o resultado da divisão do custo unitário dessa área pelo último custo unitário básico de mesmo padrão divulgado. Os coeficientes médios, de acordo com a NBR 12721, são exibidos na Tabela 3.

Tabela 3. Coeficientes de área equivalente – NBR 12721

Área equivalente Coeficientes médios	
Garagem (subsolo)	0,50 a 0,75
Área privativa (unidade autônoma padrão)	1,00
Área privativa – salas com acabamento	1,00
Área privativa – salas sem acabamento	0,75 a 0,90
Área de loja sem acabamento	0,40 a 0,60
Varandas	0,75 a 1,00
Terraços ou áreas descobertas sobre lajes	0,30 a 0,60
Estacionamento sobre terreno	0,05 a 0,10
Área de proteção do terreno sem benfeitoria	0,00
Área de serviço – residência unifamiliar padrão baixo (aberta)	0,50
Barrilete	0,50 a 0,75
Caixa d'água	0,50 a 0,75
Casa de máquinas	0,50 a 0,75
Piscinas, quintais etc.	0,50 a 0,75

Os custos para desenvolvimento, citados na NBR 14653, aconselhados para adoção são exibidos na Tabela 4.

Tabela 4. Custos de construção por etapa do empreendimento

Etapa da obra	Intervalo sugerido como percentual do custo total da obra (%)
Projetos e aprovações	5 a 12
Serviços preliminares	2 a 4
Fundações	3 a 7
Estrutura	14 a 22
Alvenaria	2 a 5
Cobertura	4 a 8
Instalação hidráulica	7 a 11
Instalação elétrica	5 a 7

(continua)

(continuação)

Etapa da obra	Intervalo sugerido como percentual do custo total da obra (%)
Impermeabilização/isolamento térmico	2 a 4
Esquadrias	4 a 10
Revestimento e acabamentos	15 a 32
Vidros	1 a 3
Pintura	4 a 6
Serviços complementares	Até 1

REFERÊNCIAS

ASSOCIAÇÃO BRASILEIRA DE NORMAS TÉCNICAS. NBR 12721: Avaliação de custos de construção para incorporação imobiliária e outras disposições para condomínios edilícios. Rio de Janeiro, 2015.

ASSOCIAÇÃO BRASILEIRA DE NORMAS TÉCNICAS. NBR 14653: Avaliação de bens. Rio de Janeiro.

BRASIL. *Instrução Normativa RFB* nº 1.863, de 27 de dezembro de 2018. Dispõe sobre o Cadastro Nacional da Pessoa Jurídica (CNPJ). Disponível em: http://normas.receita.fazenda.gov.br/sijut2consulta/link.action?visao=anotado&idAto=97729#1954228. Acesso em: 18 abr. 2021.

BRASIL. *Lei* nº 3.071, de 1º de janeiro de 1916. Disponível em: http://www.planalto.gov.br/ccivil_03/leis/l3071.htm. Acesso em: 23 set. 2020.

BRASIL. *Lei* nº 4.591, de 16 de dezembro de 1964. Dispõe sobre o condomínio em edificações e as incorporações imobiliárias. Disponível em: http://www.planalto.gov.br/ccivil_03/leis/l4591.htm. Acesso em: 06 set. 2020.

BRASIL. *Lei* nº 6.015, de 31 de dezembro de 1973. Dispõe sobre os registros públicos, e dá outras providências. Disponível em: http://www.planalto.gov.br/ccivil_03/leis/l6015compilada.htm. Acesso em: 22 set. 2020.

BRASIL. *Lei* nº 8.245, de 18 de outubro de 1991. Dispõe sobre as locações dos imóveis urbanos e os procedimentos a elas pertinentes. Disponível em: http://www.planalto.gov.br/ccivil_03/leis/l8245.htm. Acesso em: 03 out. 2020.

BRASIL. *Lei* nº 10.257, de 10 de julho de 2001. Regulamenta os arts. 182 e 183 da Constituição Federal, estabelece diretrizes gerais da política urbana e dá outras providências. Disponível em: http://www.planalto.gov.br/ccivil_03/leis/leis_2001/l10257.htm. Acesso em: 06 set. 2020.

BRASIL. *Lei* nº 10.406, de 10 de janeiro de 2002. Institui o Código Civil. Disponível em: http://www.planalto.gov.br/ccivil_03/leis/2002/L10406compilada.htm. Acesso em: 22 set. 2020.

BRASIL. *Lei* nº 10.931, de 2 de agosto de 2004. Dispõe sobre o patrimônio de afetação de incorporações imobiliárias, Letra de Crédito Imobiliário,

Cédula de Crédito Imobiliário, Cédula de Crédito Bancário, altera o Decreto-Lei nº 911, de 1º de outubro de 1969, as Leis nº 4.591, de 16 de dezembro de 1964, nº 4.728, de 14 de julho de 1965, e nº 10.406, de 10 de janeiro de 2002, e dá outras providências. Disponível em: http://www.planalto.gov.br/ccivil_03/_ato2004-2006/2004/lei/l10.931.htm. Acesso em: 06 set. 2020.

BRASIL. Lei nº 13.465, de 11 de julho de 2017. Dispõe sobre a regularização fundiária rural e urbana, sobre a liquidação de créditos concedidos aos assentados da reforma agrária e sobre a regularização fundiária no âmbito da Amazônia Legal; institui mecanismos para aprimorar a eficiência dos procedimentos de alienação de imóveis da União; altera as Leis nos 8.629, de 25 de fevereiro de 1993, 13.001, de 20 de junho de 2014 , 11.952, de 25 de junho de 2009, 13.340, de 28 de setembro de 2016, 8.666, de 21 de junho de 1993, 6.015, de 31 de dezembro de 1973, 12.512, de 14 de outubro de 2011, 10.406, de 10 de janeiro de 2002 (Código Civil), 13.105, de 16 de março de 2015 (Código de Processo Civil), 11.977, de 7 de julho de 2009, 9.514, de 20 de novembro de 1997, 11.124, de 16 de junho de 2005, 6.766, de 19 de dezembro de 1979, 10.257, de 10 de julho de 2001, 12.651, de 25 de maio de 2012, 13.240, de 30 de dezembro de 2015, 9.636, de 15 de maio de 1998, 8.036, de 11 de maio de 1990, 13.139, de 26 de junho de 2015, 11.483, de 31 de maio de 2007, e a 12.712, de 30 de agosto de 2012, a Medida Provisória nº 2.220, de 4 de setembro de 2001, e os Decretos-Leis nº 2.398, de 21 de dezembro de 1987, 1.876, de 15 de julho de 1981, 9.760, de 5 de setembro de 1946, e 3.365, de 21 de junho de 1941; revoga dispositivos da Lei Complementar nº 76, de 6 de julho de 1993, e da Lei nº 13.347, de 10 de outubro de 2016; e dá outras providências. Disponível em: http://www.planalto.gov.br/ccivil_03/_Ato2015-2018/2017/Lei/L13465.htm. Acesso em: 20 set. 2020.

BRASIL. Lei nº 13.786, de 27 de dezembro de 2018. Altera as Leis nº 4.591, de 16 de dezembro de 1964, e 6.766, de 19 de dezembro de 1979, para disciplinar a resolução do contrato por inadimplemento do adquirente de unidade imobiliária em incorporação imobiliária e em parcelamento de solo urbano. Disponível em: http://www.planalto.gov.br/ccivil_03/_Ato2015-2018/2018/Lei/L13786.htm. Acesso em: 06 set. 2020.

BRASIL. Superior Tribunal de Justiça. Súmula nº 239. Disponível em: https://ww2.stj.jus.br/docs_internet/revista/eletronica/stj-revista-sumulas-2011_18_capSumula239.pdf. Acesso em: 02 out. 2020.

BRASIL. Supremo Tribunal Federal. Repercussão Geral Tema 1124 no ARE 1294969. Plenário. Relator: Ministro Luiz Fux. Julgado em 12/02/2021. *Diário da Justiça Eletrônico*, 19 fev. 2021. Disponível em: https://jurisprudencia.stf.jus.br/pages/search/repercussao-geral11542/false. Acesso em: 24 fev. 2022.

REFERÊNCIAS

BRASIL. Tribunal de Justiça do Estado de São Paulo. Agravo de Instrumento 2096814-79.2019.8.26.0000. Relator: Antonio Rigolin. *Diário da Justiça Eletrônico*, São Paulo, 18 jun. 2019. Disponível em: https://esaj.tjsp.jus.br/cjsg/getArquivo.do?cdAcordao=12606374&cdForo=0. Acesso em: 24 fev. 2022.

BRASIL. Tribunal de Justiça de São Paulo. *Apelação Cível nº 1108671-33.2019.8.26.0100*. Relator: Marcia Dalla Déa Barone. Data de julgamento: 14/04/2021. Disponível em: https://esaj.tjsp.jus.br/cjsg/getArquivo.do?cdAcordao=14543818&cdForo=0. Acesso em: 24 fev. 2022.

BRUEGGEMAN, W.; FISHER, J. *Real estate finance and investments*. 13th edition. USA: McGraw-Hill Irwin, 2008.

CÂMARA BRASILEIRA DA INDÚSTRIA DA CONSTRUÇÃO. *Contratos de empreitada na construção*. Brasília: CBIC, 2019.

CASTRO, D. A. (coord.). *Direito Imobiliário atual*. 2. ed. Rio de Janeiro: Elsevier, 2014.

CHALHUB, M. N. *Incorporação imobiliária*. 5. ed. Rio de Janeiro: Forense, 2019.

LEWER, H. (ed.). *Understanding private real estate*. PEI-PERE. UK: Hobbs the Printers, 2012.

LIZIERI, C. et al. *Real estate's role in the mixed asset portfolio*: a re-examination. Working Paper 3 Time-Varying Influences on Real Estate Returns. IPF, 2012.

FERRIANI, A. *O contrato built to suit e a Lei 12.744/12*. Civilizalhas, 2013. Disponível em: https://www.migalhas.com.br/coluna/civilizalhas/170851/o-contrato-built-to-suit-e-a-lei-12744-12. Acesso em: 03 out. 2020.

GELTNER, D. et al. *Commercial real estate analysis and investments*. 2nd edition. USA: Cengage Learning, 2007.

JÚNIOR, L. A. S. *Direito Imobiliário*: teoria e prática. 9. ed. Rio de Janeiro: Forense, 2015.

LIMA, B. S. *Ascenção e queda nos preços do mercado imobiliário*: análise comparativa no período de 2010 a 2017 no caso Brasileiro. UFRJ, 2017.

LIN, A. *Real Estate Private Equity*: market impacts on investment strategies and compositions of opportunities funds. MIT, 2008.

MILES, M. et al. *Real estate development*: principles and process. 4th Edition. USA: Urban Land Institute, 2007.

MUELLER, G. *Predicting long term trends & market cycles in commercial real estate*. Working Paper, 2001.

PEREIRA, C. M. S. *Instituições de Direito Civil.* Atual. 21. ed. Rio de Janeiro: Forense, 2017. v. III.

PYHRR, S.; ROULAC, S.; BORN, W. Real estate cycles and their strategic implications for investors and portfolio managers in the global economy. *Journal of Real Estate Research,* v. 18, 1999.

QUEIROZ, P. M. *Parceria imobiliária em loteamentos urbanos.* Dissertação (mestrado) – Escola de Direito de São Paulo, Fundação Getulio Vargas. São Paulo, 2016.

RIZZARDO, A. *Condomínio edilício e incorporação imobiliária.* 7. ed. Rio de Janeiro: Forense, 2019.

SILVA, J. A. *Direito urbanístico brasileiro.* 6. ed. São Paulo: Malheiros Editores, 2010.

VERONEZI, A. B. P. *Sistema de Certificação da Qualidade de Edifícios de Escritórios no Brasil.* Tese (Mestrado em Engenharia) – Escola Politécnica da Universidade de São Paulo. São Paulo, 2004.

ÍNDICE ALFABÉTICO

A

Alavancagem
   financeira, 10, 143
   positiva, 145
Alocação, 164
Análise
   da documentação das pessoas físicas ou jurídicas relacionadas ao imóvel, 108
   de atratividade setorial, 101
   de oportunidades de investimento, 59
   de riscos, 90
   de viabilidade de projetos de desenvolvimento imobiliário, 92
   dos aspectos contratuais, 102
   jurídica de riscos, 105
Anteprojetos, 158
Aprovação e licenciamento do empreendimento, 117
Aquisição, 109
Áreas de proteção
   ambiental, 153
   permanente, 153
Aspectos societários e tributários das sociedades de propósito específico, 137
Asset management, 161
Atratividade
   imobiliária, 101
   setorial, 101
Avaliação do grau de liquidez, 101

B

Benefício(s)
   com diversificação de portfólio, 2
   tributário (*tax shield*), 145
Big boxes, 14
Bulk warehouses, 14

C

Cama & Café (*bed & breakfast*), 22
Cap rate, 77
Capital stack, 54
Capitalização de renda direta, 77
Captura de valor, 164
Cédula de crédito imobiliário, 150
Centros
    comerciais, 35
    de conveniência, 35
    de distribuição, 14
Certidão de inteiro teor de matrícula e negativa de ônus reais, 106
Certificados
    de potencial adicional de construção, 156
    de recebíveis imobiliários, 148
Ciclo imobiliário, 55
Classe
    de ativos imobiliários, 7
        emergentes, 8
        industriais, 13
        tradicionais, 8
    de imóveis residenciais, 28
Código de obras, 153
Complexidade operacional, 101
Conclusão das obras, 125
Condomínio(s)
    de lotes, 131
    fechados, 44
    logísticos de galpões modulares, 14
Condução da auditoria (*due diligence*), 166
Consórcio, 114
Contrato
    de construção, 133
    de locação, modalidade BTS, 135
    definitivo de aquisição do imóvel, 112
    preliminar de aquisição do imóvel, 111
Core, 52
Core-plus, 52
Credit default swap (CDS), 71

Custo
    do financiamento, 145
    total da operação, 145
    unitário básico (CUB), 159

D

Data center, 42
Debêntures, 149
Débitos condominiais, 108
Desenvolvimento, 9
    do projeto, 117
    imobiliário, 151
Desinvestimento, 101
Distribuição de rendimentos, 164
Dívida
    sênior, 54
    subordinada, 54
Divisão do resultado operacional (*net operating income* – NOI), 77
Due diligence imobiliária, 105

E

Efeito retardado (*lag effect*), 55
Emissão de títulos no mercado de capitais, 148
Entrega do condomínio, 125
Escalabilidade, 101
Escritórios, 18
Estado de conservação, 172
Estratégia(s)
    ativa de *market timing*, 58
    de investimento, 52
    de valor agregado, 52
    oportunística, 52
    passiva de diversificação de riscos, 58
    híbridas, 54
Estruturação
    da incorporação imobiliária, 121
    de um empreendimento, 121
    jurídica da operação, 103
Estruturas alternativas para viabilizar o investimento, 113

Estudo(s)
   de massa, 158
   preliminar, 103, 158

F

Fases-chave do ciclo imobiliário, 56
Fator
   acesso, 64
   área, 63
   depreciação, 65
   localização, 63
   oferta, 62
   padrão de acabamento, 64
   topografia, 65
Financiamentos bancários, 146
   para a construção, 146
   para aquisição de imóveis, 146
Flat/apart-hotel, 22
Fragmentação, 101

G

Galpão
   flex, 15
   last mile, 15
Geografia, 46
Gestão
   comercial, 161
   de ativos imobiliários, 161
   operacional, 162
Governança, 163
Grau de alavancagem do negócio, 145

H

Habitação econômica, 28
"Habite-se", 160
Highest and Best Use (HBU), 85
Homogeneização, 62, 68
Hospedagem, 21
Hotel, 21
   fazenda, 22
   histórico, 22

midscale, 22
supereconômico/econômico, 22
upscale, 22

I

Imóvel, 163
    de uso fabril, 13
    first mile, 14
    last mile, 14
Incorporação
    de imóveis residenciais para renda, 31
    imobiliária, 118, 121
    para venda, 31
Índices
    de cobertura de juros, 145
    de referência, 164
Inquilinos, 163
Instituições de longa de permanência de idosos, 41
Investimento(s)
    em empresas operacionais de base imobiliária, 96
    em imóveis, 60
    em projetos de desenvolvimento imobiliário, 92
    na estabilidade, 39
IPTU, 107, 140
ITBI, 139

L

Laudêmio, 107
Leasing management, 161
Legislação ambiental, 153
Lei
    de Incorporações Imobiliárias, 120
    de Uso e Ocupação do Solo, 153
    dos Distratos Imobiliários no âmbito
        da incorporação imobiliária, 124
        dos loteamentos, 132
Letra
    de crédito imobiliário, 150
    imobiliária garantida, 148
Loan-to-cost (LTC), 146
Loan-to-value (LTV), 146

Loteamento(s), 126
  abertos, 45
  fechados, 131

M

Macros e microrregiões geográficas, 46
Mercados
  primários, 46
  secundários, 46
Método(s)
  comparativo direto de dados de mercado, 60
  de capitalização de renda, 60, 77
  evolutivo, 60, 68
  involutivo, 60, 85
Modelo
  asset heavy, 26
  asset light, 26
Moradia
  estudantil (*student housing*), 39
  para idosos (*senior housing*), 41
Movimento *flight to quality*, 20
Múltiplo sobre o capital investido, 95

N

NBR
  12721, 173
  14653, 173

O

Operação(ões), 9, 163
  de centros de dados, 42
  sob medida (*built-to-suit*), 14
Outlets, 37
Outorga
  onerosa do direito de construir, 156
  uxória, 109

P

Parceria imobiliária, 113
Patrimônio de afetação, 123
Pesquisa de mercado, 67, 69

Plano diretor municipal, 153
Portfólio *management*, 161
Potencial do mercado, 101
Pousada, 22
Power centers, 37
Prazo de carência, 122
Preço de mercado, 59
Procedimentos para a implantação de um loteamento, 128
Processos de conformidade (*compliance*), 163
Produto imobiliário, 153
Projeto executivo, 158
Property management, 162
Propriedade de terra, 43

Q

Quatro quadrantes, 49

R

Real estate private equity, 1, 5
Receita por quarto disponível, 25
Reforma (*retrofit*) de edificações existentes, 151
Rentabilidade, 10
Residencial, 28
Resort, 21
RET, 140
Retornos para o investidor, 143
RevPAR, 25
Risco(s), 10, 101
    de crédito, 90
    de crédito do ocupante, 91
    de depreciação, 90, 91
    de liquidez, 90, 91
    de localização, 90, 91
    de vacância, 90, 91
    do setor, 90, 91

S

Saneamento, 62
Segmento
    corporativo, 18
    de edifícios de salas comerciais, 18

de habitação econômica, 28
   de médio e alto padrão, 29
Seleção, 164
Self storage, 37
Senior housing, 41
Shopping centers, 33
Site selection, 50
Sociedade
   de propósito específico, 115
   em conta de participação, 116
Stabilized yield on cost, 39
Strip malls, 35
Subclasses de ativos imobiliários, 5

Tabela
   de Ross-Heidecke, 170
   IBAPE, 169
Taxa
   de capitalização, 77
   interna de retorno, 95
Tenant mix, 33
Terrenos, 43
Tese de investimento, 7
Timing ideal para investir, 55
Título aquisitivo, 106
Tratamento dos dados, 68, 69

Valor
   criado (*value capture*), 164
   do ativo para o investidor, 59
Value add, 52
Varejo, 33
Venda, 165

Z

Zoneamento, 153